「子育て」という政治

少子化なのになぜ待機児童が生まれるのか？

猪熊弘子

JN283890

角川新書

目次

はじめに

「小学校に入れないい子どもはいないのに、なぜ保育所に入れない子どもがいるのでしょうか？」

困惑したような表情で、その父親は私に問いかけた。

2012年秋、大勢の待機児童がいて保育所入所「激戦区」の一つである東京都・足立区内のあるマンションの集会所。私は若い母親たちのグループに依頼され、保育所に子どもを預けたいと考えている人たちへ、入所に関するアドバイスをしていた。

再開発が進み、相次いで大規模マンションが建った足立区内では、待機児童が増えて認可保育所に子どもを預けることがきわめて厳しくなっていた。少しでも入所しやすくするためには、0歳児から預けることも念頭に置かなければならない。育休の切り上げもやむを得ないかもしれない……。

そんな厳しい現状説明をひと通り終え、質疑応答の時間になると、先ほどまで熱心に聞いていた一人の男性がおそるおそる、といった様子で手を挙げた。男性の横には、まもなく初めての赤ちゃんが生まれる予定だという、大きなお腹を抱えた妻が座っていた。

「すみません、質問があります。ものすごく基本的なことなのかもしれないのですが……」と前置きしたあと、その男性がしたのが冒頭の質問だった。

〈小学校に入れない子どもはいないのに、なぜ保育所に入れない子どもがいるのか?〉

本当に不思議だ。誰もがそう思うだろう。

もうひとつ、同じくらいよく尋ねられる質問がある。

「少子化が進んでいるというのに、なぜ保育所に入れない子どもが大勢いるのでしょうか?」というものだ。

確かに全国的にみれば子どもの数は減少している。

地価の下落で都心回帰の傾向が強まり、子どもの数が増えている東京都内ですら、小学校の統廃合が進められたり、廃園になる幼稚園も出てきている。

それにもかかわらず、厚生労働省が発表した数字によれば、当時、2012年10月の待機児童数は4万6127人で、同年4月の2万4825人の1・8倍を記録していた(2013年4月には2万2741人、10月には4万4118人とその後、少し減少している)。かつては東京を中心とする首都圏や、一部の大都市圏での特別な事態だったが、ここ数年、中核都市や県庁所在地、それ以下の小さな町でも、待機児童の問題が顕在化しつつある。もちろん、待機児童がいない自治体もあり、ほとんどが〝都市〟の問題だが、人口比率で考えれば、大きな〝国全体〟の問題になっている。

この数年、時期を問わずに「待機児童」の問題が報道されるようになった。「待機児童」は社会問題化している。しかし、一向に解決される気配はない。

なぜ、これほどまでに保育所に入れない子どもがいるのか。保育所に入れないとどうなるのか。そもそも待機児童はなぜ生まれるのか。何がうまく機能していないのか。

「少子化」と「待機児童」は、相反する現象だ。

「待機児童」の存在は、少子化時代の日本における究極のパラドックス（矛盾）である。


「保育所が足りない」という声は悲鳴に近い。２０１３年、政府は「待機児童解消加速化プラン」として、５年間で40万人の保育の「受け皿」を用意する、と発表した。

ちょっと待ってほしいと思った。「受け皿」という表現は、聞き捨てならない。ただ居場所さえあればいいわけではない。この国の未来を支える子どもたちをしっかり預かり、命を守り、はぐくみ育てる「居場所」でなければ困る。国は、子どもを預かる場所を作れば、それがどこでもいいと思っているのかと、悲しい気持ちになる。

それに、こういった「待機児童解消」をうたう政府の「プラン」を何度聞いたことだろう。あの小泉純一郎元首相が国会で熱弁をふるった「待機児ゼロ作戦」はいったいどうなったのか。

どうすれば、待機児童がいなくなるのだろう。いつになれば、必死で「保活（保育所探しの活動）」などしなくても、誰もが希望する保育所に安心して子どもを預けられるようになるのだろうか。

思えば「待機児童」は、私自身の問題でもあった。

4人の子どもを通算15年間にわたって保育所に預けながら、保育の問題について取材をしてきた私自身が、かつて「待機児童」を抱えて悩む親の一人だったからだ。

長女を出産したのは1996年5月。生後半年ほどが過ぎた頃、福祉事務所に行き、「子どもを保育所に預けたいのですが……」と尋ねてみた。すると、出てきた男性の職員が、壁に貼ってあるホワイトボードを指して言った。

「空いている保育所はどこにもありませんよ」

ホワイトボードには、保育所ごとに定員と空き人数が書いてあったのだが、確かに空きはないようだった。当時は何もわからなかったので、入所申請をすることもなく、すごすご引き下がるしかなかった。今思えばいわゆる「水際作戦」で、入所申請さえ受け付けてもらえなかったということだ。

当時はまだ、バブルの余韻を引きずる時代で、保育所に入所を希望する人は比較的少なく、待機児童も全国的にはかなり少なかったのだが、それでも私が住んでいた町は待機児童が多かった。さらに、フリーランスで働くことへの理解が少なかったこともあり、年度途中に保育所に入ることはできなかった。

２０００年３月に生まれた次女は「生まれながらの待機児童」だった。早生まれの子は保育所に入るのに不利だ。認可保育所の入所はどんなに早くても産休明けの生後43日以降と決められているため、特に３月生まれの子は新年度の４月１日には絶対に入所できない。年度途中に入所できる見込みは少なく、さらに翌年４月１日の入所は１歳児での入所になり、育休明けの人がドッと押し寄せるため倍率が高くなる。近くに、思うような認可外保育所もなかったため、本当に困ってしまった。

たまたま、私立認可保育所の一時保育に１名分だけ空きがあったので、そこに火曜から木曜までの週３日間、９時から16時までの間、預けることができた。預けられる時間を取材にあて、それ以外の4日間は家で次女の世話をしながら原稿を書くことで細々と仕事を続けた。長女が通う保育所とは、自宅をはさんで全く反対側、距離にして2㎞以上も離れていたが、それでも預ける場所が見つかって助かった、と思っていた。

相変わらず翌2001年4月に入所できるあてはなかった。せめて少しでも保育所に入りやすく、仕事も便利になるようにと東京都内に引っ越してきた。歩いてすぐのところに認可保育所があり、2人一緒に入れればラッキーだと思ったのだが、長女は歩いて10分ほどの保育所に入所が決まり、次女は2次選考でも落ちて、また待機になってしまった。

絶望したが、3月の末になって急に引っ越して保育所を辞める人が出て、次女はギリギリの時期になんとか繰り上げで入所できた。しかしそこはまた長女とは別の、家からは1㎞近く離れた第3希望の保育所だった。環境がよく、とてもいい保育所で気に入ったが、3学年違いの長女と次女は、そのまま一度も同じ保育所に通ったことがない。

2004年9月に生まれた双子の長男、次男のときには、ますます入所が困難になっていた。年度途中では認可保育所に入所できないのは当然で、東京都認証保育所も「30人待ち」というような状態だった。なんとか翌年4月に認可保育所に入れることができたが、家から徒歩1分の認可保育所は、0歳児は生後7カ月からだったため、4月の時点で生後

6カ月だった双子は入所できず、また、次女の保育所には0歳児クラスがなかったので、そこにも入所できなかった。次女の保育所とは別の、企業がオープンさせたばかりの認可保育所に預けざるを得なかった。

当時、長女はすでに小学生で、放課後は学童保育に行っていたので、毎日朝は2カ所の保育所、夕方にはさらに学童保育が加わって3カ所のお迎えに行っていた。1日のエネルギーのほとんどを送り迎えで費やしていた気がする。

その長女もすでに18歳、次女は14歳、双子の長男、次男は10歳になる。

この18年間、自分が味わったような苦労を、続く若い人たちにはしてほしくないとずっと思い続けてきた。保育所への入所はもちろん、少しでも子育てしやすい国になることを願って、保育に関する多くの記事を書き続けてきた。

しかし、私の苦労話は過去の笑い話になるどころか、保育所への入所はますます困難を極めている。

特にここ数年、私の経験などよりはるかに「悲惨」な経験談をたくさん聞くようになってきた。取材に行くと、待機児童を抱える親たち、特に母親たちが、「話を聞いてください」と目に涙をいっぱい溜めて話しかけてくる。親たちは血眼になって、「どこでもいいから」と、必死で預かる場所を探して歩き回っている。

10年くらい前までは、子どもを産もうかどうかと迷っている女性たちに「産めばなんとかなるよ」と勧めていたが、今の状態ではもはや「なんとかなるよ」とは言えない。

この国では「子どもを育てながら働きたい」というごくごく当たり前の夢をかなえることすらできないのか。これでは楽しいはずの子育てが、辛くなっていくばかりだ。


待機児童が社会問題化してからすでに20年近く経つというのに、なぜ待機児童は解決できなかったのか。

どうすれば待機児童は解消され、誰もが安心して子どもを預けられるようになるのか。

母親が子どもを預けて働くことは「わがまま」では決してない。「夫の収入があるので働く必要はないが、自らのキャリアアップや自己実現のために働いている」と言い切れる母親は、もはや少数派だろう。教育費は年々高くなる一方なのに、労働環境の不安定化は止まらない。子どもがいるのに、夫婦のどちらかが仕事を失うかもしれない不安がある。非正規化が進み、夫婦ともに非正規で、念願の子どもを持ったとしても、共働きをしなければ暮らしていくことすら危うい世帯もたくさんある。

死別や離婚、未婚など、予期せぬ理由で、シングル親にならざるを得なくなった人も大勢いる。子どもがいるのに働けなければ、ダイレクトに「貧困」につながっていく。

日本で子どもを産み、育てるためには、「親」が働き続けなければならない時代になっているのだ。それなのに、子どもを産めば、親たちがすべて自己責任で子どもの預け先を確保しなければならない。そして、その預け先が足りない。少子化が進んでいるのにこんな逆説的な状態が続いていけば、少子化がさらに進むのは明白だ。

子どもという存在は「未来」そのものだ。待機児童の問題を考えることは、この国のすべての「子育て」を考えること、すなわち未来を考えることに通じる。

待機児童を抱えて大変な渦中にある人たちだけでなく、全く別の世代の人たち――子育てが終わった世代、孫や曾孫がいる世代、子どもがいない人たち、さらにはこれから子育てをしようという若い世代にも――そして、過疎化が進んで待機児童など関係ない、という地域の人にも、日本中の人たちに、待機児童をはじめ、日本の子育てが抱えている問題を一緒に考えてほしい。

それがきっと、日本を救うことになる。

第1章　横浜市「待機児童ゼロ」の真実

幼稚園と保育所の違い

ここ数年、保育政策についての取材を受けることが増えてきたのだが、中には幼稚園と保育所の違いすら「全くわからないんです」と言ってくる人も少なくない。それくらいの違いはハッキリさせておいてほしいとも思うが、確かに、子育ての制度は細かく、難しい部分も多い。自分の子どもが保育所や幼稚園にでも入らない限りは、具体的な細かい違いを理解するチャンスはないのかもしれない。

そこで、今さらだがまず、幼稚園と保育所の違いについて、明らかにしておこう。

現在、日本国内には約2万4000カ所の認可保育所がある。そこに通う子どもの数は230万人以上にもなる。認可外保育所に通う子どもは約20万人程度。認可外保育所の中にも、自治体の助成金を受けて運営しているところと、そういった助成金を受けずにすべて保護者が支払う保育料で運営されているところがある。

認可外保育所には都道府県に届け出をすることが求められているが、預かっている子どもの数が5人以下の保育所にはそういった届け出の必要がない。また、事業所内保育所といって、会社の中に併設されているような保育所にも届け出の義務がない。そういったところに預けられている子どもたちの数も6万人ほどになると言われている。

一方、幼稚園に通う子どもは160万人。現在では保育所に通う子どもの人数のほうが多いとされているが、保育所は0〜5歳、幼稚園は3〜5歳の子どもが対象なので、単純に比較できるものではないだろう。

ほかには2006年に始まった認定こども園が全国で約1000カ所ある。当初、国ではすぐに2000カ所のオープンを目指していたが、保育所の管轄が厚生労働省、幼稚園の管轄が文部科学省と分かれているため、認定こども園の管轄がこの2省に分かれていることや、新たに都道府県への申請が必要なことから、国が想定するほどは普及していない。

少子化が進む地方では、「認定こども園」の申請はしていないが、幼稚園と保育所が一体となって運営されているところも増えてきている。あえて「認定こども園」として申請しなくても、幼保一体で運営していくのが当たり前になっている地域も多い。

保育所は児童福祉法に基づいて設置され、保育の中身は保育所保育指針に基づいている。また、幼稚園は学校教育法に基づいて設置され、その教育の中身は幼稚園教育要領に基づいている。保育所保育指針と幼稚園教育要領が求める教育は、2008年にほぼ同じものになった。よく「幼稚園は教育をするが、保育所では教育をしない」と言い切る人もいるが、全く根拠がない。保育所保育指針と幼稚園教育要領には、子どもたちに身につけてほしい「ねらい」という項目があるが、3〜5歳の「ねらい」、つまり保育所と幼稚園で求められる保育の中身はほぼ同じものになっている。

「保育」という言葉も、保育所だけに使われるものではない。幼稚園で行っていることも「保育」と呼ばれている。

幼稚園か、保育所かの違いよりも、むしろ個々の園の差のほうが大きい。主に法人や運営者の考え方によって、保育所でもワークブックのような、いわゆる「教育」的に見えることが行われているし、幼稚園でも自由遊びで1日過ごしているところもある。

ちなみに、1876（明治9）年に日本で最初の幼稚園として設立されたのは、現在のお茶の水女子大学附属幼稚園の前身である東京女子師範学校附属幼稚園である。附属幼稚園では決してワークブックを使うような教育的な保育は行われていない。子どもの育ちを大切にした徹底的な自由保育である。そのことを知れば、「幼稚園が教育」というステレオタイプな考えはなくなるだろう。

子どもに何かを教え込むのではなく、子どもが自らの力によって多くのものを体得していくことこそ、幼い子どもたちに必要な「教育」なのだ。そういったことを理解している多くの幼稚園でも、子どもの育ちを大切にした保育実践が行われている。

「遊ぶ」ということの中に、子どもが育つことの大切な意味がある。小学校以降の教育と、幼稚園、保育所の教育は別物なのだ。

日本では、もともと小学校に入って置いていかれないように、というような小さな目的で幼児教育を設定してこなかったし、今も設定していない。子どもの育ちに必要なことはそんな小さなことではない。そのことを、もっと多くの人に知ってほしいと思う。

「待機児童ゼロ」発表の衝撃

2013年4月1日時点で、神奈川県横浜市内の待機児童数が「ゼロ」になったと、同年5月20日、林文子市長自らが発表した。

横浜と言えば、かつては「待機児童数全国ワースト1」の常連だった。私が子育てを始めた18年前、働く母親仲間の間では「横浜には保育所もないし、学童保育もない。子育てしにくい街だ」という雰囲気だった。それが、林市長が就任した後、わずか3年間で、待機児童ゼロを実現したという。

同年4月19日には、安倍晋三首相が「成長戦略スピーチ」を行い、「待機児童解消加速化プラン」を発表していた。横浜市の待機児童ゼロの発表から1カ月も前だったが、すでにその頃には4月1日時点での横浜市の待機児童が「ゼロになるらしい」という話が伝わってきていた。

安倍首相はスピーチの中で「横浜方式を全国に横展開」し、「目標を2年前倒しして2017年度までに待機児童をゼロにする」と宣言した。

しかし私は、疑問を感じていた。

ちょうど4月上旬の時期に、待機児童についての取材を行っていた。横浜市の担当者の方々から1時間以上にわたり、横浜市の待機児童解消に向けての取り組みについてうかがう機会を得た。そのときに「ゼロに向けて頑張っているんですが、ゼロにはならないかもしれないんです」という言葉を何度か耳にしていた。

このとき、私は確信した。

〈担当の方たちは「ゼロ」だとは思っていないのだ〉と。

横浜市内の母親たちに尋ねれば、「子どもが入所できず、待機になって苦しんでいる」「みんな入所できていない。とても待機児童ゼロだとは思えない」という声ばかりだった。

そんな中、5月20日に林文子市長自らが「待機児童ゼロ」の発表を行った。それによれ

【図1】神奈川県横浜市の保育所待機児童数

（単位:人）

区分	22年4月	23年4月	24年4月	25年4月	25年－24年
就学前児童数	193,584	192,861	191,770	190,106	▲1,664
保育所申込者数（A）	41,933	44,094	45,707	48,818	3,111
入所児童数（B）	38,331	40,705	43,332	47,072	3,740
入所保留児童数（C）＝（A）－（B）	3,602	3,389	2,375	1,746	▲629
横浜保育室等入所数（D）	1,020	1,136	1,117	877	▲240
横浜保育室	989	1,028	965	716	▲249
家庭的保育事業	19	52	59	84	25
幼稚園預かり保育	12	23	5	3	▲2
事業所内保育施設	—	0	19	22	3
一時保育・乳幼児の一時預かり施設	—	33	69	52	▲17
育休関係（E）	—	277	186	203	17
主に自宅で求職活動されている方（F）	—	—	213	100	▲113
特定保育園のみの申込者など（G）	1,030	1,005	680	566	▲114
待機児童数（H）＝（C）－〔（D）＋（E）＋（F）＋（G）〕	1,552	971	179	0	▲179

ば、横浜市の待機児童は２０１２年４月には１７９人いたが、認可保育所の増設など、さまざまな努力により、13年４月には０人になったという。

しかし、記者発表用に用意されたリリース資料には「御希望通りの保育所に入所できていない方は、１７４６人いらっしゃいます」と書かれている。林市長も、自身の言葉でそれを説明した。市長自身も、実はゼロだとは思っていなかったのではないか。

１７４６人もの人が希望通りの保育所に入れていない。つまり、横浜市の待機児童は「ゼロ」などではなかった。それがただひとつの真実なのだ。それなのに「待機児童ゼロ」だというのは、いったいどういうことなのか？

ここではまず、横浜市の例をひもときながら、「待機児童」の定義など、「待機児童」とは何なのか？　ということについて説明したい。

「待機児童」の定義

「待機児童」の数え方には決まり（「定義」）がある。厚生労働省が定めている現在の「待機児童」の定義は次のようなものだ。

〈保育所入所待機児童の定義調査日時点において、入所申込が提出されており、入所要件に該当しているが、入所していないものを把握すること。〉

（注1）保護者が求職中の場合については、一般に、児童福祉法施行令（昭和23年政令第74号）第27条に該当するものと考えられるところであるが、求職活動も様々な形態が考えられるので、求職活動の状況把握に努め適切に対応すること。

（注2）広域入所の希望があるが、入所できない場合には、入所申込者が居住する市町村の方で待機児童としてカウントすること。

（注3）付近に保育所がない等やむを得ない事由により、保育所以外の場で適切な保育を行うために実施している、

①国庫補助事業による家庭的保育事業、特定保育で保育されている児童

②地方公共団体における単独保育施策（いわゆる保育室・家庭的保育事業に類するものにおいて保育されている児童

③国又は地方公共団体よりその運営に要する費用について補助を受けている認定こども園のうち、幼稚園型又は地方裁量型の保育所機能部分で保育されている児童（②の

地方公共団体における単独保育施策分を除く。）
については、本調査の待機児童数には含めないこと。
（注4）いわゆる〝入所保留〟（一定期間入所待機のままの状態であるもの）の場合については、保護者の保育所への入所希望を確認した上で希望がない場合には、除外することができること。
（注5）保育所に現在入所しているが、第1希望の保育所でない等により転園希望が出ている場合には、本調査の待機児童数には含めないこと。
（注6）産休・育休明けの入所希望として事前に入所申込が出ているような、入所予約（入所希望日が調査日よりも後のもの）の場合には、調査日時点においては、待機児童数には含めないこと。
（注7）他に入所可能な保育所がある（保育所における特定保育事業含む）にもかかわらず、特定の保育所を希望し、保護者の私的な理由により待機している場合には待機児童数には含めないこと。
※他に入所可能な保育所とは、
（1）開所時間が保護者の需要に応えている。（例えば、希望の保育所と開所時間に差異が

ないなど）
（2）立地条件が登園するのに無理がない。（例えば、通常の交通手段により、自宅から20〜30分未満で登園が可能など）

まず、「調査日時点において、入所申込が提出されており、入所要件に該当しているが、入所していないものを把握すること」とある。

ここで「保育所」というのは、広さや人員配置などについて「保育所最低基準」をクリアし、都道府県から認可を受けている、「認可保育所」のことだ。待機児童の調査は、毎年4月1日、10月1日に行われる。最も大きく報道されるのが4月1日時点の数字である。

認可保育所に入所するためには、「親が働いている」などの理由で、子どもが「保育に欠ける」、つまり「親のかわりに保育をする人がいない」という「入所要件」に当てはまっていることが必要だ。

つまり、待機児童の定義は、「4月1日の時点で認可保育所への入所申請を行っていて、子どもを保育する人がいない状態で入所要件を満たしているのに、入所できていない子どもの数」ということになる。

しかし、現実に自治体が発表している数字はこの条件に純粋に当てはまるものではない。その後にある「注」がくせものだ。

順番に説明していこう。

まずは（注1）。「求職中」の人の扱いについてである。ここで言うように、確かに求職活動にはさまざまな形態がある。「ハローワーク」に行って仕事を探すのがポピュラーだが、子どもを連れて行くのはなかなか難しい。そこで最近ではインターネットの求職サイトが増え、家のパソコンで検索しながら仕事を探すことができるようになっている。そのため、自治体が「求職中」という状態をどのようにとらえるかによって、この部分を独自に設定することができるようになった。

横浜市の定義では、「インターネットを使うなどして、家庭で求職活動をしている人」については、待機児童にカウントしていない。〈求職活動も様々な形態が考えられるので、求職活動の状況把握に努め適切に対応すること〉という部分の解釈の仕方だと考えられる。

しかし、よくよく考えれば、預ける場所がないから、家で求職活動をせざるを得ない人がほとんどなのではないか、ともいえる。

（注3）も独自の解釈に使われている項目だ。〈付近に保育所がない等やむを得ない事由

により、保育所以外の場で適切な保育を行うために実施している〉というが、過疎地には「へき地保育所」というものまであり、〈付近に保育所がない〉という状態は、日本中でほとんど考えられない設定だ。よく読めば〈付近に保育所がない等〉と〈等〉が付けられていて、これは〈付近に空いている保育所がない〉と考えることもできる。

そういった状態にある子どもたちが〈国庫補助事業による家庭的保育事業、特定保育で保育されている児童〉として「保育ママ」や、「特定保育」といって認可保育所で継続的に預けるわけではないイレギュラーな保育として行われている「一時保育」に預けられたり、〈地方公共団体における単独保育施策（いわゆる保育室・家庭的保育事業に類するもの）において保育されている児童〉、すなわち横浜市でいえば「横浜保育室」と呼ばれる横浜市独自の助成金で運営されている認可外保育所で保育されたりしていれば、待機児童にカウントしなくてもいい。

さらには〈認定こども園のうち、幼稚園型又は地方裁量型の保育所機能部分で保育されている児童〉も、待機児童数には含めない。横浜では、これを幼稚園の預かり保育部分にまで適用している。

（注6）では〈産休・育休明けの入所希望として事前に入所申込が出ているような、入所

予約の場合には、調査日時点においては、待機児童数には含めないこと〉とあるが、現在、入所予約ができる自治体は数少ない。むしろ、待機児童が多くて育休明けにあわせて入所できないために、育休そのものを延長する人が増えている。横浜市の場合は、そういった理由から育休を延長した人は、待機児童にカウントしていない。大阪市など他都市でも、同じように育休延長者は待機児童数に含めないことにしている。

（注7）も解釈の仕方によって拡大されがちだ。〈他に入所可能な保育所があるにもかかわらず、特定の保育所を希望し、保護者の私的な理由により待機している場合には待機児童数には含めないこと〉として、希望している保育所と開所時間が同じだったり、いちばん近い保育所でなかったとしても〈立地条件が登園するのに無理がない〉通える範囲にある保育所に入所可能であれば、待機児童にはカウントしない。

〈特定の保育所〉の意味はきわめて幅広く解釈されており、「この保育所だけしか希望しない」という人は待機児童にはカウントされない。きょうだいがすでに保育所に通っていれば、親は当然、その保育所だけを希望するはずだが、それでは待機児童としてはカウントされなくなる。横浜の場合、後述するが、「公立保育所に限る」という希望を出した人は待機児童にはカウントされなかった。特殊な事情があっても考慮されなかった。

〈立地条件が登園するのに無理がない〉という基準はきわめて曖昧だ。都市部を除けば、自家用車による登園が認められており、かなり離れた保育所に登園することも可能だ。登園可能な距離は、自治体の事情によっても違うだろうが、「車で20分、あるいは30分」といった設定をしている自治体もある。車で30分走れば10〜15㎞くらいになる。車の運転ができなければ預けることはできないだろう。それでもそこを希望しなければ、待機児童にはカウントされないことになる。

厚生労働省担当課に尋ねると、『登園に無理のない範囲』というのは自治体ごとに独自の判断で決めてもらっています。どのように定めているかは、自治体の判断なのでこちらではわかりません」とのことだった。

このように、待機児童の定義はきわめてファジーなもので、自治体の都合にあわせて変更されている。もはやほとんど意味がないに等しい。

「旧定義」と「新定義」

当初、待機児童の定義は、もっとシンプルなものだった。

2005年までは、国の定義する待機児童とは、純粋に「認可保育所に入所を希望して

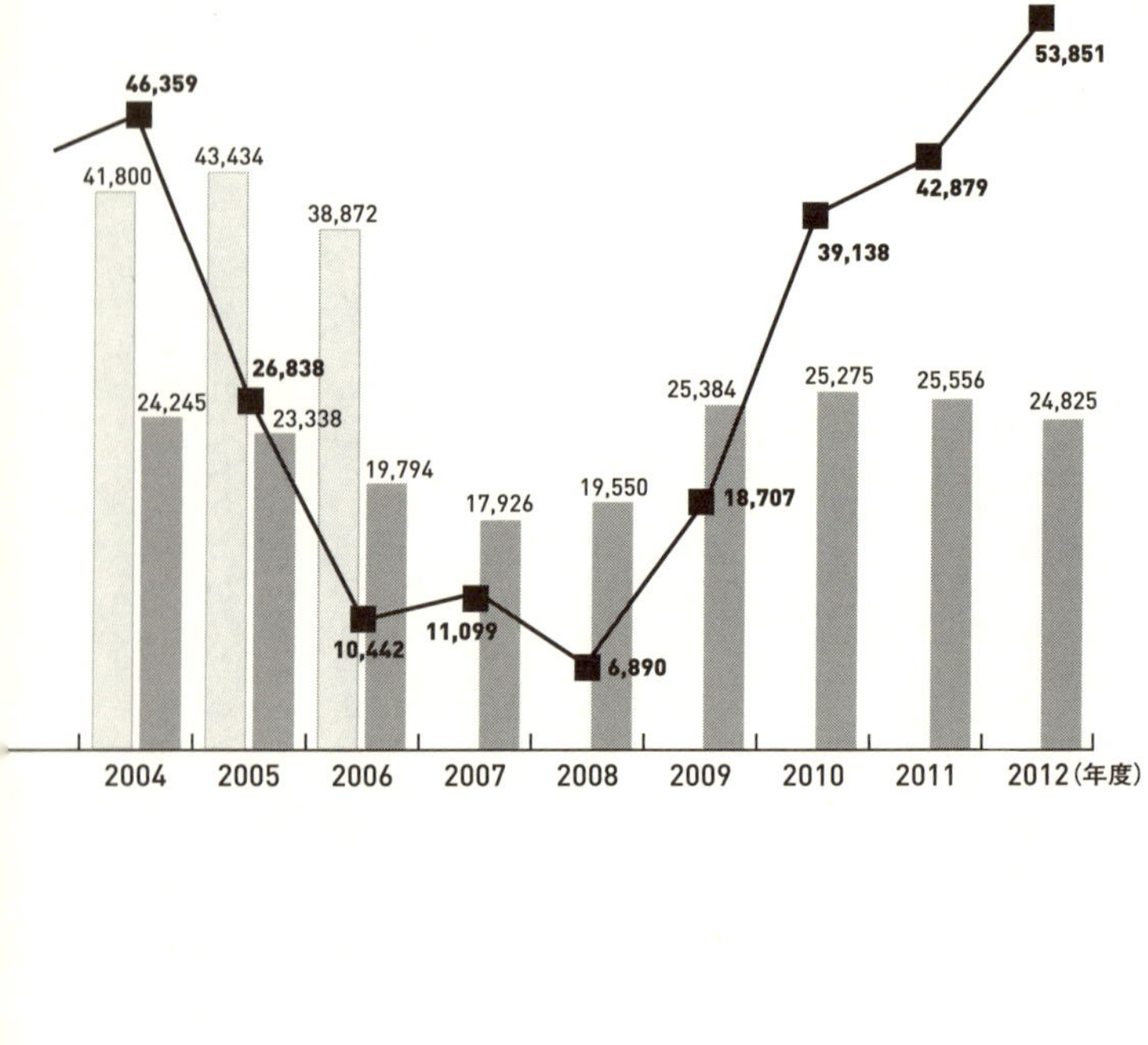
46,359
41,800
43,434
38,872
26,838
24,245
23,338
19,794
17,926
19,550
25,384
25,275
25,556
24,825
10,442
11,099
6,890
18,707
39,138
42,879
53,851
2004
2005
2006
2007
2008
2009
2010
2011
2012（年度）

【図2】待機児童数の推移

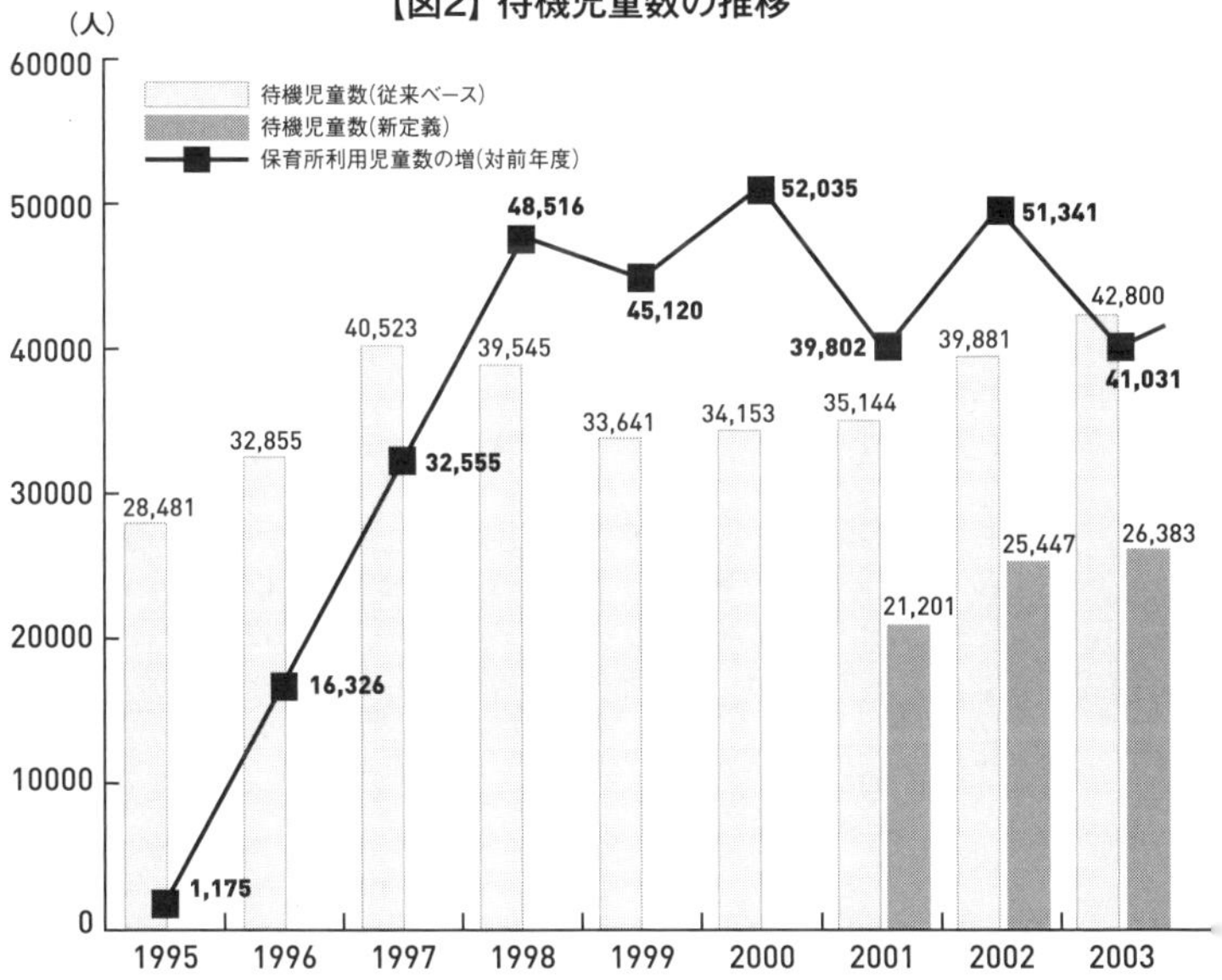

（注1）各年4月1日現在。
（注2）2001〜06年度については、保育所入所待機児童の定義の変更を受けて、従来のベースのものと、新定義に基づく数値を2つ図示した。なお、新定義は、①ほかに入所可能な保育所があるにもかかわらず、特定の保育所を希望して待機している場合、②認可保育所へ入所希望していても、自治体の単独施策（いわゆる保育室等の認可外施設や保育ママ等）によって対応している場合は、待機児童数から除くとしている。2007年度以降は従来ベースの数値は公表されていない。

出典：「保育所・幼稚園制度の基礎知識―政策の変遷と新制度導入までの経過―（逆井直紀・保育研究所）」より（厚生労働省保育課調査資料をもとに作成したもの）

いながら、入所できない子ども」のことを指していた。だから、認可保育所に入所できないものの、認可外保育所には入れていて、なおかつ認可に申し込み続けている人は、「待機児童」としてカウントされていた。

ところが、この時期、雑誌の記事を書くために調査をしていたところ、各自治体が国に報告する待機児童数と、認可保育所に入れていない純粋な待機児童数がずれているのを、いくつかの自治体で発見した。ある政令指定都市では、実際に認可保育所に入れていない待機児童数よりも、国に報告している数のほうがかなり少なかった。

そこで、その自治体に電話で問い合わせてみた。すると、返ってきた答えは「うちの市では、独自にお金を出して認可外保育所に助成を行っている。自治体がお金を出している施設に入所できている子どもたちを、待機児童としてカウントするのはおかしいのではないか」というものだった。

ほかにもいくつかの自治体に問い合わせてみた結果、同じように厚労省の定義とは違う独自の待機児童数を報告していることがわかった。

国に問い合わせると、「きちんと国の定義に合わせるように指導している」と、ほとんど把握していない様子だった。確かに、国は自治体があげてくる数字の中身を調査することなどできない。あがってきた数字を信じるしかない。

ところが驚いたことに、その翌年から、いくつかの政令指定都市が独自に設定していたカウント方法のほうが、国の定義として採用されてしまった。何か、自治体から国への強い申し入れが行われたのだろうか。認可保育所に入れていなくても、独自の助成を行っている認可外に入れている子どもは待機児童の定義から外す、というのが国の方針になった。前の定義一覧の（注3）の②、③に当たる部分である。

それ以降、純粋に認可外保育所に入れない子どもの人数を待機児童とカウントしていたものを「旧定義」、新たに自治体などが助成している認可外などに入れた子どもは除いてカウントしたものを「新定義」と区別して呼ぶようになった。現在、一般的に使われているのは「新定義」のほうだ。

横浜市では、いわゆる「旧定義」にあたる待機児童を「保留児童」という言葉を使って表している。

横浜市の待機児童は２０１２年４月に１７９人だったが、「認可保育所の増設などにより、13年４月には０人になった」と発表された。記者発表用の資料にある「御希望通りの保育所に入所できていない方は、１７４６人いらっしゃいます」という部分の「御希望」

とは、認可保育所への入所を指している。「認可保育所を希望しているのに入所できない」状態にあるこれらの人たちは、旧定義に従えば純粋な待機児童になるが、横浜市では「入所保留児童」という扱いにして、待機児童にはカウントしていない。その独自解釈によって待機児童はゼロになったのだ。純粋に「旧定義」を使い、認可保育所に入れていない子どもの数を比較しなければ、この数字を発表する意味は薄れてしまう。

待機児童数のマジック

つまり、横浜市の待機児童ゼロ達成は、完全に数字のマジックによるものなのだ。

横浜市の待機児童数の状況の表を見ると、その「マジック」の中身が詳細に明らかになる（21ページの表参照）。

横浜の就学前児童数（0～5歳の人口）は、2010年4月時点で19万3584人だったのが、2013年4月には19万106人と3478人も減少している。一方で、保育所の申込者数は4万1933人から4万8818人と、実に6885人も増えている。少子化が進む一方で、保育所の入所希望者だけが確実に増えつつある。

実際、この表を見ると、入所児童数は2010年の3万8331人から2013年の4

万7072人になっており、実にわずか3年の間に、保育所に入所できた子どもを8741人も増やしているのだ。

しかし、実際にはそれ以上に入所希望者の増加が上回っており、「1746人」が希望の保育所に入れず、「保留児童」という扱いになった。

さらにこの表を読み解いていこう。「保留児童」のすべてが、どこにも預けられないでいるわけではない。市が助成している認可外保育所の「横浜保育室」や保育ママ、保育所の特定事業である「一時保育」、幼稚園の預かり保育、さらには事業所内保育所など、何らかの預け先を確保できた子どもが、全部で877人いる。

ここからが、待機児童数の「マジック」以上の「ウルトラC」になる。

4月1日時点で育児休業中だった203人、主に自宅で求職活動をしている人100人、特定保育所のみの申込者など566人は、預け先もないまま「待機児童」としてはカウントされない。

市のサイトによれば、「主に自宅で求職活動している人」とは「ご自身等でお子さんをみながら、インターネットなどを利用し、在宅で職を探している方」。また、「特定保育所のみの申込者など」というのは「希望の保育所1カ所しか申し込んでいない方、2カ所以上申し込んだ方で内定した保育所があるにもかかわらず、第1希望等の保育所しか入所を望んでいない方、お申し込みをされた園や自宅の近くに入所可能で空きがある保育施設があるにもかかわらず入所を希望されない方など」とある。

この解釈は、少し強引に思える。自宅で子どもをみながらインターネットで仕事を探しているのは、逆に、子どもを預ける場所がないからではないのか。また特定の保育所にしか申し込まないのも、きょうだいがすでにある保育所に入っているケースなど、さまざまな事情があるはずだ。

たとえば、13年4月に企業が運営している認可保育所に子どもを入所させたAさんの例がある。

Aさんの子どもには食物アレルギーがあった。0歳のときに預けていた認可外保育所では、アレルギーの症状が出たことは一度もなかったのだが、入所が認められて転園した認可保育所に入所してわずか2週間の間に、4回もの重篤なアレルギー症状が出てしまった。

驚いたAさん夫妻は園側と話し合いをした。そこで出てきた話は驚くようなものだった。園長は、アレルギー症状を起こしたことについてのお詫びや説明をしたのではなく、「お子さんには発達障害の可能性がある。座っていられないのはおかしい。うちでは預かれない」と言い出したのだ。そして「退園」を勧められたという。

「座っていられない」と言うが、わずか1歳の子どもである。そして、それまで、子どもに発達障害の疑いがあると言われたことはなかった。そこでAさん夫妻は、地域の療育施設に相談してみたが、診断の結果は「障害はない」ということだった。

それでも園側は、退園を勧め続けた。療育施設で「障害はない」と診断されている子どもに「障害がある」と言われ続け、もはやAさん夫妻は園を信頼することができなくなった。

結局、Aさんは子どもを退園させた。

とはいえ、仕事を辞めるわけにはいかない。Aさんは、別の保育所への転園希望を出した。

「企業がやっている園を信用できなくなってしまって。怖くて預けることができません。でも、横浜では認可保育所の多くが企業の経営なので、私立保育所を希望すれば、また別の企業の保育所になってしまう可能性がある。だから〈公立保育所に限る〉という条件で転園希望を出したんです」ということだった。

結局、「入所不承諾」の通知が来て、入所できなかった。「公立保育所に限る」という申請は、横浜市の定義では「特定の保育所のみの申請者」と扱われる。認可保育所に入所できなくても、待機児童にはカウントされない。

「横浜市長が待機児童ゼロだと自慢気に語っている様子を見ると本当に腹立たしい。うちの子は横浜市の定義では待機児童ではなく、保留児童という扱いになるというのは納得いきません」

Aさんはそう憤っていた。

横浜市が待機児童ゼロを発表してから1年が経ち、2014年4月1日時点では新たにいくつかの自治体から「待機児童ゼロ」が報告された。福岡市、千葉市などである。しかし中には、横浜市同様の「マジック」を使っているところも少なくないようである。

一方で、13年4月待機児童884人、14年4月には1109人の史上最多を記録し、全国待機児童ワーストワンを更新している東京都世田谷区だが、横浜方式のカウントをすれば、待機児童は約半数近くにまで減るという。

世田谷区の保坂展人《ほさかのぶと》区長は、14年1月20日、自らのツイッターでこうツイートしている。

〈「待機児童数」の算定基準が自治体によってバラバラであることを厚生労働省が放置しているのはおかしい。「育児休業中」を除外すれば、一瞬で待機児童数は半減する。世田

谷区は昨春884人で「ワースト1」と言われたが、このマジックを使えば400人に減少する。同一基準で発表するべきだ。〉

国の基準を自治体が独自に解釈している現在、待機児童数の比較にはあまり意味がないといえる。

待機児童ゼロへの執念

「ゼロ」という数字には懐疑的な視線を向けざるを得ないものの、一方で、横浜市の独自の待機児童解消に向けた努力には、目を見張るものも少なくない。

なにより、保育予算を破格の勢いで増やし、保育施設の数を増やし続けてきたことはまぎれもない事実である。

2009年8月、中田宏前市長の辞任にともない、民主党の推薦を受けて無所属で立候補し、当選した林文子現市長。最大の選挙公約は「子育て支援の充実〜特に待機児童解消の実現」だった。横浜では初、政令指定都市では仙台市に続いて2人目の女性市長の誕生であった。

選挙公約に「待機児童解消」を掲げる候補者は多いが、いちばんの選挙公約にはしにくいだろう。しかし、林市長はいちばんに「待機児童解消」を掲げた。これは当時の政権与党だった民主党のマニフェストに「チルドレン・ファースト」が大きく掲げられていたことも影響しているかもしれない。

林市長の経歴は多彩だ。1965年に都立青山高校を卒業後、大学には進学せず、東洋レーヨン株式会社（現東レ）に入社した。その後、松下電器産業株式会社（現パナソニック）などで勤務し、BMWやフォルクスワーゲンなどの外車ディーラーを経て、ダイエーや日産自動車などの取締役を務めるまでに至った。高卒から叩き上げの女性社員が、名だたる大企業のトップになるまでには、相当な努力があったはずだ。

林市長が当選後に受けたいくつかのインタビュー記事にもあったが、民間企業のトップとして働いていたとき、部下の優秀な女性たちが、出産しても子どもを預ける先がなく、退職してキャリアを断念する姿を見ていたのだという。いくら優秀な女性社員を育てても、子どもを安心して預ける場所がなければ、彼女たちは職場に戻ってくることはできない。会社にとっても大きな損失となるだろう。

自身が働く中で、子育て環境の整備が必要だと痛感していたという経験から、林市長は、就任後の2009年10月には「保育所待機児童解消プロジェクト」を発足。公約である

「待機児童ゼロ」の実現に向けてスタートしたのだ。

翌10年３月に出された「プロジェクト報告書」では「量の提供」から「選択性の高い総合的対応」への変換が必要であるということで、次の４つの提案がなされた。

①多様な保育サービスの展開
②多様な保育サービスを、適切に保護者と結びつける
③区を主体とする推進体制の整備
④保育サービス間で不公平感のない、適切な料金設定

①②では、まず認可保育所の増設だ。さらに働く人たちのニーズを調べたところ、短時間勤務を希望していても預け先がないために認可保育所に申し込んでいる人も少なくないことがわかった。そこで、横浜市が単独で助成している「横浜保育室」などの認可外保育施設のほか、子育て支援センターや民間の施設を利用して実施されている「横浜市乳幼児一時預かり事業」、そして幼稚園の放課後に行われている「預かり保育」などを利用して、待機児童を解消することが提案された。

その上で、細かな保護者のニーズを把握して保育施設に結びつける「保育コンシェルジュ」が提案された。市民からの公募で、本来はケースワーカーが扱うべきプライバシーに関連した情報に触れることや、人数が少ないことなど、問題もあるのだが、こういった発想の転換も必要だったのだろう。

また、③にあるように、それまでは市の管轄だった保育所の整備を区の管轄にした。横浜市では、区によって子育てのニーズがずいぶん違う。保育所の整備を区の管轄にすることで、よりピンポイントなニーズを把握できるようにした。

この「プロジェクト報告書」を受けて、「待機児童ゼロ」に向けた動きが加速した。2010年からは予算が拡大されて「緊急保育対策担当」も設置。各区に兼務係長を配置して、プロジェクト報告書に書かれたプランを推進してきた。

市の予算推移図を見ると、保育予算が確実に増えてきているのがわかる。

「待機児童対策予算」として、横浜保育室や幼稚園預かりなどの運営費を含む予算は、2009年度には72億4100万円だったが、2013年度には162億6500万円まで増えている。運営費を含む「待機児童対策予算」は、市の一般会計予算に占める割合は、2009年度の4・5%から14年度には6・8%を占めるまでに増えている。5年間で実に2・3ポイントも拡大したことになる。

認可保育所の増設も相当な勢いで進んでいる。区ごとに「未利用国有地・県有地・私有地」を探し出し、それらの場所に保育所を建設していくほか、「民間保育所整備マッチング事業」として、たとえばスーパーの2階といった、これまで保育所として使われることのなかった場所を探し出して事業者に紹介し、保育所として整備するやり方で新たな保育所を増やしてきた。

さらに「既存の施設の活用」として、民間保育所が1〜2歳の受け入れ枠を2人以上増やす場合には250万円までの補助金を交付したり、横浜市立保育所の増改修によって受け入れ枠を拡大するなどして、既存の施設の定員枠も増やしてきた。

そういった努力で、2013年度には1年間で3158人分（4月1日開設で2841人分＋2日以降の分がさらに317人）の受け入れ枠を増やした。2014年度には、さらに3734人分の受け入れ枠を増やす予定だという。

横浜はもともと専業主婦が多い地域で、就学前児童の数に対する保育所の定員割合（普及率）がきわめて低かった。かつては10％台と全国平均でもかなり低かった普及率を、前述のような努力で、2012年4月時点では22・7％まで押し上げたが、それでも政令指定都市の平均28・2%をかなり下回っている。政令指定都市20市中では16位にランクされる。「普及率」については後述するが、これが低いために、横浜は待機児童の数が常にワースト上位にランクする自治体だったのだ。

私は横浜で生まれたので、自分の子どもも横浜で育てるのが夢だったが、「保育所に入れない」「学童がない」といった子育て環境の悪さからあきらめ、東京に「逃げて」来た。そのときのことを考えると、この15年近くの変化には目を見張るものがある。

「待機児童ゼロ」にかける林市長の、そして職員の凄まじい執念を感じる。

結局、「トップ」に誰が来るかで、子育て環境は大きく変わるということだ。部下の女性たちが子どもを預ける先がないという単純な理由で仕事を辞めていく姿を、歯がゆい思いで見ていたであろう林市長だからこそ、ここまで大胆な予算配分と目標設定ができたのだろう。

待機児童対策は、自治体の首長の考え次第だということがよくわかる事例である。

認可保育所の質低下懸念

さて、横浜市が徹底的な努力で保育の受け入れ枠を急増させていることを知ると、単純に「そんなに一気にたくさん保育所を増やして、本当に大丈夫なの？」と思う方も少なくないだろう。当然のクエスチョンだと思う。

横浜では、横浜保育室のような自治体単独助成の認可外ではなく、基本的には認可保育所を増やす方向で待機児童解消を進めてきた。保護者にとっては、最低基準をクリアし、施設面でも人員配置の面でも安心が多く、保育料も最も安い認可保育所に子どもを預けたいという気持ちが強い。

13年度には31カ所の認可保育所を新設して2390人、14年度には新たに3004人の定員を増やす予定だという。凄まじい勢いである。この数字を見るとやはり、前述したように「大丈夫なのか？」という気持ちがぬぐえない。認可保育所であっても、これほど急に数を増やすことで懸念されるのが「質の低下」である。

保育所の「質」については定義が難しい。OECD（経済協力開発機構）の最新の報告書でも、「はっきり定義づけられていない」とされているほどだ。あらゆる保育所、特に最低基準をクリアし、多大な補助金を受けている認可保育所では、「質」を守ることが重要である。その「質」のひとつが子どもの安全だ。

小さな子どもたちが生活する保育所では、毎日、さまざまな出来事が起こる。園の中や庭で遊んだり、お散歩に行ったときにケガをする子や、突然、病気を発症する子どももいる。食事中に食べ物を喉に詰まらせる危険もある。ささいなことが命を失うことにつながりかねない。保育者は、特に乳児からは一瞬たりとも目を離すことはできない。

事故の一種として、最近、保育所の安全管理において最も大きな問題になっているひとつが、子どものアレルギーへの対応だ。

「アレルギーのお子さんは昔からいるが、最近は、特に重篤なアナフィラキシー（複数のアレルギー症状が、短時間で生じる状態）レベルのアレルギーを持っているお子さんが増えたように感じる」という話をよく耳にするようになった。

アレルギーは「好き嫌い」や「苦手」とは違う。それを食べると命にかかわる重大な問題で、「食べてはいけない」のである。万が一、重篤な症状を起こした場合には「エピペン」という薬剤をその場にいた人が注射することで、危機を避けることができる。医学的な対策も年々進歩するから、新しい知識を常に身につけておくことが必要になる。「知らない」ことが子どもの命を失うことにつながるかもしれないから、常に勉強や研究が必要である。

特に2013年、東京・調布市の小学校で、給食のおかわりをしてチーズが入ったものを食べてしまった女の子がアナフィラキシーで亡くなるという不幸な事件があって以来、現場の緊張感は大きい。

ところが、前出のＡさんは、待機児童解消のために大量に増やした認可保育所で、きちんとアレルギー対応をされなかった。Ａさんの子どもは、認可保育所に入る前に預けていた認可外保育所では、一度もアレルギーの発作が出たことはなかったという。その新しい認可保育所の「基準」そのものまで疑いたくなる。

施設面でのレベル低下懸念

ほかにも、待機児童解消のため、あまりにも急にたくさんの保育所を作らなければならなくなった結果、必然的にレベルを下げざるを得なくなったことがある。

たとえば「園庭」の規準もそのひとつだ。

実は、幼稚園では「園庭」がないことは認められない。幼稚園にも「認可」「認可外」があるのだが、認可幼稚園になる場合は、必ず学級数に対して定められた広さの「園庭」がなければならない。

一方、規制緩和が進み、保育所の基準はどんどん引き下げられ、幼稚園よりもかなり低い基準にとどまる部分も出てきた。認可保育所では、園庭がなくても近くに園庭の代わりになるような公園などがあればいい、ということになっている。

都市部では土地が狭いこともあり、新しい認可保育所に庭がないのは、もはや「当たり前」になりつつある。たまに、庭のある、地方ならごく一般的な認可保育所ができると「すごい、どうやってこの土地を買ったのだろう」などと考えてしまうことさえある。

横浜市の認可保育所は「近くに公園があれば庭は基準の半分の広さでいい」ということになっている。また、「駅に近いビルの中の保育所でもプール置き場を確保する必要がある」とされている。市の説明では「横浜の認可保育所で、園庭のない保育所はない」ということになっている。

しかし「プール置き場」とは、単純にプールを置く場所であって、「園庭」ではないのではないか。子どもが「遊べる」広さがない場所を「園庭」と定義することには、違和感がある。

さらに0歳児1人あたりの「ほふく室」（赤ちゃんがハイハイするスペース）の面積も緩和されている。国が設定している最低基準は3・3㎡、畳2畳分だ。2畳の広さに赤ちゃんを寝かせてみるとわかるが、寝返りをしたり、ハイハイをして活発に動くようになった赤ちゃんにとっては、さほど広いとはいえない。ところが、待機児童が多い地域では、面積基準を独自に緩和できる、という通達が厚労省から出ている。自治体の都合で自由に面積を変えられるようになっている。横浜市では0歳児1人あたりの「ほふく室」の面積を待機児童が多い自治体に許された特例として、独自に約2・475㎡まで緩和している。

これは、「東京都認証保育所」で設定した基準、2・5㎡をも下回る広さになる。

「3・3㎡」は広いのか、狭いのか？

面積基準に関する大規模な調査として2008年に社会福祉法人「全国社会福祉協議会」が行った「機能面に着目した保育所の環境・空間に係る研究事業総合報告書」がある。それによれば、調査した全国1728カ所の認可保育所の0歳児1人あたり面積は、「ほとんどの施設で最低基準である3・3㎡を超えており、そのなかでも5〜5・5㎡が最も多く、多くの施設で（3・3＋1・65）㎡分の空間を確保している現状が明らかになった」という。戦後まもない混乱期の1948（昭和23）年に定められた最低基準保育所は、決して良い基準とはいえない。現場の保育所では、その基準を上回る基準で、より広い面積のほふく室で0歳の赤ちゃんを育てようとしていることがわかる。報告書の中には、12

カ所（0歳児クラス6件、1歳児クラス6件）の東京都認証保育所についての調査もあり、「3・5〜4㎡が最も多く4件、ついで4〜4・5㎡の2件である。その他の範囲はすべて1件ずつであり、全体的には3㎡以上が多く見られるが、2・5㎡以下の保育室も計3件見られる」という。6年前のデータではあるが、今、横浜市の認可保育所で採用されている2・475㎡という面積が、かなり狭いことがわかる。

この調査では、「保育所における食寝分離の視点から、2歳未満児は1人あたり4・1㎡（現行は3・3㎡）、2歳以上児は2・43㎡（現行は1・98㎡）と現行より高い面積基準が必要」という結論が出ている。建築家など、保育以外の研究者が中心になって行われた大規模調査の結果を、無視するような状態になっているのは嘆かわしいことだ。

「高架下」ショック

面積以外にも見過ごせない問題がある。

保育所を開所する場所の問題だ。

横浜市に限らず、都市部ならばどこでも問題になっていることだろう。面積基準を広くとれて、園庭も十分に確保できるような恵まれた場所は、都市部にはほとんどない。

さらに、親が通勤途中に子どもを預けられることから、「駅近（えきちか）」の保育所は親には人気がある。駅に近い、あるいは駅ビルの中にある保育所は、一般的には認可外で運営されているところが多いが、最近は認可保育所になるところもある。

「駅近」以外に、最近増えてきているのが、電車や道路の高架下に設けられた保育所である。こちらも、認可外保育所や学童などではいくつか見てきたが、認可保育所でも高架下のところができはじめている。横浜市の設定でいえば、それは「未利用私有地の活用」による保育所整備というものだ。

そのひとつ、横浜市内の鉄道の高架下に、同じ鉄道の系列会社の保育企業が設立した認可保育所が13年４月にオープンした。これは「副市長と区長が電鉄本社を訪問し、直談判して鉄道高架下での整備が実現したという、トップセールスによる成功事例」だと市政レポートには書かれている。

実際に、高架下にできた認可保育所に行ってみた。線路の高架の真下に、プレハブのような建物がはめ込まれるように設置されている。線路の下にはゴムを敷き、音や振動を抑えているようにしてあるという。中に入って保育を見学した人は「振動や音が気になった。子どもたちの中には１日の半分以上をここで過ごす子もいる。影響はないのか心配だ」と言っていた。

　この保育所には、園庭もあるが、それも高架下だ。高架が「屋根」になっているので雨の日でも遊べるが、逆に太陽の光は差し込まない。園庭には高架を支えるコンクリートの太い柱が高架の幅に対して3本建っている。子どもたちがぶつかってもケガをしないように、柱にはガード用の緩衝材が巻いてあった。保育室にも、園庭と同じ間隔で柱が立っている。

　保育というのは、子どもがそこでただ1日過ごせばいいというものではない。園長をはじめ保育士たちが保育内容を考え、子どもの育ちを支えるための保育実践をしている。広くて太陽の光が十分に差し込む園庭を使った保育実践と、高架を支える柱にぶつかってケガをしないように気をつけて行う保育とでは、おのずとあり方が違ってくる。

　園庭や保育室に太い柱が建っていて保育者から子どもの姿が見えない「死角」があれば、危険が増え、保育者はそれがなければ別のことに使えるエネルギーを、柱という「死角」に注がなければならなくなる。

　本当にここでいいのか？　という疑問が残る。

　もちろん、電車の線路の近くや、高架下すぐの場所にある保育所はいくつも存在している。環状道路の陸橋下に1件、鉄道高架下に4件（京浜急行2件、JR1件、市営地下鉄1件）の保育所ができ、横浜市内だけでも4件以上の高架下の保育所がある。どこの保育者もよりよい保育を実践しようと努力しているはずだ。そして、同時にそこに預けなければ仕事ができないという現実を抱えている親がいる。できる限り保育施設を増やすことを否定はしない。

けれども、すべての子どもに保障されるべき「子どもにふさわしい育ち」が、きちんと保障されるのだろうか。「本当にここでいいの？」という疑問を、きちんと検証する必要があるのではないだろうか。

親の便利は子の不便

広い園庭があり、保育所専用に建てられた認可保育所を新たに整備するには、どうしても時間とお金がかかる。保育所を1園新しく建設するためにかかる費用は1億5000万円以上と言われる。土地代は別なので、都心部など、環境のいい住居専用地域に保育所を開設しようとすれば、いったい何億円かかるのかわからない。

時間の問題も大きい。認可保育所の建設を計画してから開所するまでに3年かかれば、

0歳だった子どもは3歳になってしまう。子どもの成長の早さと、保育所整備にかかるスピードの速さが違う。そのため、必要な地域に時間をかけて保育所を建設しようとすると、保育所が建ったときにはまたニーズが変わっていたりすることもあるだろう。ピンポイントに変わる「ニーズ」が、せっかく保育所を建てたときにはずれている可能性がある。

だからといって、保育所に転用できるなら、どんな場所でもいいのだろうか?

子どもの身になって考えてみたい。保育所は11時間開所が基本となっていて、多くの保育所で13時間オープンするようになってきている。13時間といえば、朝7時から夜8時まで。1日の半分以上の時間を過ごす場所になるのだ。

私が見学に訪れた高架下の保育所のひとつがある場所は、もともとはあまり治安がいいとはいえない飲み屋街があったところで、それを強制的に立ち退かせた場所なのだという。地域の人たちはそこに、よりよい施設が入ることを望んだ。それが「認可保育所」になった。

そこは子どもが長時間過ごすにふさわしい場所なのか。基本的には人が住まない場所に子どもが長時間過ごす「福祉施設」を作っていいものなのか。そういった議論は、横浜市の待機児童解消計画の中ではなされていない。

そもそも、幼稚園には「幼稚園整備指針」というガイドラインがあるが、保育所にはそういったものがない。園庭のない幼稚園は認可されないのに、人が住まない場所でも認可保育所が開設できる。この現状をどう考えればいいのか。母親が働かなければならない家庭の子どもは、環境を無視した施設に詰め込んでもいい、というのか。

駅から近い高架下の保育所は、親が預けるには便利だから、もっと増やすべきという人もいるかもしれない。

しかし、私は常々「親の便利は、子の不便」という言葉で、このことを説明してきた。親のニーズと子どものニーズは相反するものだ。親にとっては通勤途中で預けられて便利な駅前は、子どもが1日の半分以上を過ごすには、あまりふさわしくない場所だ。騒音がひどいし、交通が激しくて事故の危険も多い。どんな人が来るかわからないという危険もある。もちろん駅前では十分な広さの園庭や、その代わりの公園すら作るのは難しいだろう。親にとって便利な場所は、往々にして子どもが子どもらしく生きるためには「不便」な場所であることが多い。

親は、自分の便利さを追求するだけでなく、子どもの生活についても深く思いをはせる必要がある。子どもの命を守るために、子どもの権利を守るために、親はそういう思いを持っていたい。

横浜市待機児童ゼロと保育士不足

14年4月1日に横浜市で新しく開園した認可保育所は全部で29カ所。13年4月1日に新しく開所した保育所が69だったのと比べると、明らかなペースダウンだ。そのうち21カ所が企業立で、社会福祉法人によるものは7カ所にすぎない。13年4月には39カ所が企業立の保育所で、社会福祉法人立のものは24カ所だった。横浜の待機児童解消は、完全に民間企業が経営する保育所の力によるものである。一方で公立保育所は、毎年4カ所のペースで民間移管が進められ、公立保育所の数は年々減っている。

株式会社が経営している保育所だからといって質が悪いとは一概には言えない。運営母体よりも、園長やスタッフの力量次第だ。ただ、コンビニ並みのチェーン展開をしている保育所の中には、さまざまな問題を抱えているところもある。ここ数年、保育所のスタッフからの内部告発や、辞めた職員からの訴え、さらには通わせている保護者からの告発が増えている。驚くような多くの劣悪な事例を知らされるようになった。

ひとつひとつを書くことは、ここではあえてしないでおくが、表には出していないものの、さまざまな事例を把握していることだけは書いておきたい。なかには「ブラック保育所」とでも呼びたくなるところもある。スタッフのサービス残業が恒常化していたり、就職してみたら就業規則が違っていたなど、コンプライアンスに疑問を持たざるを得ない企業もある。

辞めていく職員に「保育所で知り得た事柄を外に出さない」という念書を書かせるところもある。現実には法的にまったく効力をなさない念書なのだが、職員はそういった上部からのパワハラにおびえながら働いている。見えない力におびえながらも、もうガマンできないと、辞めた後に話を聞かせてくださる方が増えてきた。

横浜で一気に多くの認可保育所がオープンしたことで、顕著な保育士不足の問題も起きている。保育所の園長や社会福祉法人の理事長に話を聞くと必ず二言目には「保育士が足りない」という話題になる。

「横浜に全部持って行かれた」と言い切る東京の園長もいた。

企業では新人保育士の採用専門の部署を作って、大勢の保育士を採用している。中には地方の保育士養成校（保育士を養成するための専門学校、短大、大学は全国にあり、厚生労働省から「養成校」として指定されている）から、「青田買い」しているところもある。学生のうちから就職することを約束すれば、奨励金として毎月いくらかのお金を学生に渡すところもある。

しかし、新人を採用しただけで、すぐに一人前の保育士になれるわけではない。

「養成校を回ってようやく見つけた新人保育士を教育して、新しい保育所を開設するには時間がかかる。採用を専門にする部署がない社会福祉法人では、企業のように一度に何園もオープンするのは無理だ」という話も聞く。

企業の保育所の中には、保育士の定着率がきわめて悪く、入社1、2年のうちに多くが辞めてしまう、というところもある。ＯＪＴ（企業内教育・教育訓練手法のひとつ）もほとんどできない状態で、サービス残業を強いられ、ただ子どもと接するだけの毎日の中で使いつぶされてしまう人もいる。保育が怖くなって、二度と保育士として働きたくないと職場を離れてしまう人もいる。

保育の仕事は「感情労働」だ。人と接することへの喜びを感じられない職場では、続けていくことができない。保育士は、子どもと目をあわせ、子どもの信頼を受けてはじめて成立する仕事だ。コンビニやファミリーレストランのように、どんどん新規展開していくようなわけにはいかないだろう。

後の章でくわしく述べるが、「潜在保育士」は、全国に60万人とも70万人とも言われている。その中には「二度と保育の仕事をしたくない」と言って辞めていった人も大勢含まれているはずだ。大量に採用しては、ほとんど教育を行わないまま、保育士としての希望を失わせ、結果として保育士が大量に辞めてしまうような企業が、保育士不足を引き起こしているとも言える現実がある。

待機児童を解消するためには、保育士の待遇の改善が必須だ。

第2章　「待機児童」の歴史

保育所入所数激増の背景

2014年6月現在、まだ最新のデータが出ていないので2014年4月1日の数字はわからないが、1年前の2013年4月1日には、全国の待機児童の数は2万2741人だった。

保育所に入所する子どもは年々増えている。1950年には25万6690人だった保育所に入所している子どもの数は、その後、年々増え続けている。1981年頃からの約10年間、バブル期をはさんだ前後にはその数が減ったのだが、バブル崩壊後の1994年以降、再び増加に転じている。現在では全国で200万人以上の子どもが、保育所に入所している。

その原因は単純に「共働きの増加」だと思われるが、私はその背景には2つのことがあると考えている。

ひとつは、共働きをしなければならない経済的な状況である。夫婦がともに非正規雇用というカップルも増えている。東京都練馬区にある私立認可保育所の調査では、その保育所に子どもを預けている親の7割が夫婦そろって非正規雇用であったという。夫婦で働かなければ食べていけない、という現実が若い世代にはある。

２００５年には保育所に通う子どもは全国で１９９万３７９６人だったが、２０１２年には２１７万６８０２人にまで増えた。７年間で18万人も増えていることになる。リーマン・ショック以降、景気が急に悪化したことも大きな要因だろう。２００５年以降、保育所を利用する子どもの数が急増しているのだ。保育所の入所定員数は、毎年２万〜３万人の規模で増やされているにもかかわらず、入所希望者がそれを上回る勢いで増えているため、待機児童は解消されない。

もうひとつ、共働きが増えていることの精神的、文化的な背景として、ライフスタイルの変化があげられるだろう。家庭科男女共修（中学校では１９９３年、高校では１９９４年に実施）の洗礼を受けた世代が子育て世代になり、育児も家事も分担して暮らすのが当たり前の時代に突入してきた。最近の若い父親たちが、ごくごく当たり前にスーツ姿に赤ちゃんを抱っこして通勤している姿をよく見かける。保育所への送り迎えの様子もかなり様変わりして、最近は父親が子どもを送ってくる割合が相当に高い。

出産で退職する女性の割合は依然として高いが、逆に育児休業を利用して復職した人の数は格段に増えている。しっかりと育児休業を取り、夫婦で共働きを続けるというライフスタイルが浸透しつつあると言えるだろう。

さらに、シングル親の増加ということもあげられる。離婚してシングルになる親も増えているが、最初からシングルで出産する人の数も増えている。必然的に保育所に子どもを預けなければならなくなる。

最も新しいデータとしては２０１３年のものになるが、就学前（0～5歳）の人口のうち、保育所を利用している子どもの割合（保育所利用率）は、35％になった。これは今後さらに伸び、最終的には40％以上にまでなるのではないかと考えられている。その40％分の枠をきちんと用意できなければ、それがまるまる待機児童になっていく。

待機児童はいつから発生したのか？

では、待機児童はいつから発生したのか。正確なデータが発掘できないのだが、国が待機児童数を初めて発表したのは１９９５年。そして少なくとも私が長女を産んだ１９９６年には、すでに多くの待機児が生じていたことは確かな事実だ。

もちろん、国もその問題をただ漫然と見過ごしていたわけではない。

１９９４年12月、「エンゼルプラン」（正式名称は「今後の子育て支援のための施策の基本的方向について」）が、文部・厚生・労働・建設の４省（当時）の大臣の合意で策定された。これが日本で初めての子育て施策であったが、主に保育の拡充について記されている。

しかし、今思えば、「時すでに遅し」だった感がある。当時、時代はすでに少子化に突入しはじめていた。80年代に景気がよくなるとともに、保育所に入所する子どもの数が減少し、保育所を減らすような政策が行われてきていた。入所児童数が減ったのは１９８１年から。その後、１９９４年までは入所児童数の減少が続いていた。保育所の数も１９８３年から１９９３年までは減り続けていた。バブル崩壊が起きたのは１９９１年だが、その後しばらくは好景気の余波は続いていた。夫婦のうち夫だけが働いて家計を支えるという「男性稼ぎ手モデル」が主流となり、共働きは減った。結婚するカップルの中にはあえて子どもを持たない「ＤＩＮＫＳ（＝ディンクス、Double income no kids の略）」が新しいライフスタイルとしてもてはやされていた。その時代には、共働きで夫婦が２人で家計を分担しながら子どもを育てるという価値観が薄れていた。そのために、保育所に子どもを預ける人が減り、保育所の数そのものも減るという傾向にあった。

それから20年経った現在、待機児童解消がなされず、少子化が進んでいる原因は、日本が好景気だったバブルの前後10年間に保育所を増やさなかったことにある、という意見もある。確かに、バブル前後の10年間に着実に保育所を増やしていれば、その後の10年間、必要以上に慌てることはなかっただろう。

94年のエンゼルプランは「子育てを家庭ではなく社会のものとして考えよう」という理念に基づいて策定されたもので、これを受けて「緊急保育対策等5か年事業」が作られた。厚労省のデータによれば、1994年には45・1万人だった0～2歳の低年齢児の受け入れ枠は、この事業を導入した結果、56・4万人まで増えた。目標の60万人には至らなかったものの、11・3万人（25％）増加した。事業計画を数字で示して実施し、最後に業績の評価を行うことで、着実に成果はあがっていった。

エンゼルプランから5年後の1999年12月に発表されたのが「新エンゼルプラン」（正式名称は「重点的に推進すべき少子化対策の具体的実施計画について」）であった。

こちらは「少子化対策推進関係閣僚会議」で定められた「少子化対策推進基本方針」に基づいて策定されたもので、大蔵、文部、厚生、労働、建設、自治の6省（当時）の大臣の合意で策定された。こちらには、保育のほか、さらに幅広い子育て支援の対策が記されている。スクールカウンセラーや不妊治療についても含まれていて、今の子育て支援策のベースになっている感がある。

その後、2003年には「次世代育成支援対策推進法」が制定された。その中で、地方公共団体や事業主による「子育て支援のための行動計画の策定」が義務付けられるようになった。

この「推進法」とともに「少子化社会対策基本法」が制定され、2004年12月には少子化社会対策会議において、2005年から2010年までの「少子化社会対策大綱に基づく重点施策の具体的実施計画について（子ども・子育て応援プラン、新新エンゼルプランとも言われた）」が策定された。

「新エンゼルプラン」の頃から、子育て施策には保育だけでなく、働き方の問題も含まれるようになってきた。いくら保育所を整備しても、働きやすい労働環境が整わなければ気軽に子どもは産めない。そして、待機児童が解消しなければ、雇用側の企業にとっても大きな問題になる。そこで、時代の流れとともに、企業にも少子化対策の役割が課せられるようになってきた。

待機児童解消の目的は、ひとつは女性の雇用促進と就労支援とされる。少子高齢化社会の日本で、労働力は足りなくなる一方と予想されていた。その中にあって唯一働けるのが、子どものいる若い女性たちだ。そういった女性たちを働かせるためには、なんといっても保育を拡充しなければならないのだ。

もうひとつの目的は、少子化対策である。子どもを預けても働き続けたいと希望する女性が増え、現実に高齢社会で女性が働かなければ労働力が不足している中で、女性たちが「仕事か子どもか」という選択をするのではなく、働きながら子どもを育てられる社会にしていく必要がある。そこで、社会で責任を持って子どもを預かる場を確保するために、「待機児童」の解消が必要になった、と言われているのだ。

しかし、預ける場所の確保が子どもを産もうという動機につながるとは単純には考えられない。待機児童解消が少子化対策につながるかどうかは、やや疑わしいように思う。「女性の高学歴化と労働参加の増加が、少子化の原因として指摘されることも少なくないが、正しい認識とは言えない。海外を見れば、女性の労働参加が日本よりも高い国々で、出生率も日本よりも高い国々が数多く存在するのである」（山重、２０１３、ｐ．１９４）という意見もある。

「待機児童」がお茶の間の話題に

「待機児童」あるいは「待機児」という言葉を初めて日本のお茶の間に登場させたのは、

２００1年に「自民党をぶっ壊す！」の合い言葉で自民党総裁、首相となった小泉純一郎氏だった。

小泉内閣が発足した当時の２００1年7月6日、政府の閣議で認可保育所の待機児童をなくそうという決定がなされた。小泉首相は所信表明演説の中で「明確な実現時期を定め、保育所の待機児童ゼロ作戦を推進し、必要な地域すべてにおける放課後児童の受け入れ態勢を整備する」と述べた。これが「待機児童」という言葉が、日本に広く知れ渡り、社会問題化するきっかけになった。これ以来、待機児童の解消は、国の大きな目標とされ続けている。

続く福田康夫首相の時代、２００８年2月27日には「新・待機児ゼロ作戦」が発表された。２０１７年までの10年間に保育所などの受け入れ児童数を１００万人増やすなどの目標を設定したものだった。福田首相は当初の3年間を「集中重点期間」とすることを指示。保育所の整備以外にも、自宅で子どもを預かる「保育ママ」の充実を進めるなどの施策を発表した。

このように、歴代の首相が相次いで「待機児童ゼロ作戦」を引き継いできた。

結局、現在の安倍晋三首相にまで続いている。安倍首相は「成長戦略」の中で、「待機児童解消」について言及し、これが日本社会の屋台骨を揺るがすほどの大きな問題であると位置づけている。

「待機児童」の存在が、これほど広く知れ渡るようになり、多くの人がこの問題に興味を持つようになったことには意義がある。キャッチーな言葉とパフォーマンスで人気を得た小泉氏らしい戦略だったと思う。

待機児対策そのものについても大きなターニングポイントは小泉時代である。

小泉首相以前の待機児童対策と、小泉首相以降の待機児童対策には、大きな違いがあるのだ。それは、待機児童解消の手段だ。

小泉首相以降、待機児童解消の手段が大きく2つに変化した。

ひとつは規制緩和、もうひとつは民営化によるものだ。いずれも小泉首相の持論による。民営化といえば、前出の横浜市では、毎年コンスタントに4カ所ずつ民営化を進めている。すべて社会福祉法人への移管という形である。横浜だけではなく、公立保育所を民営化する流れは全国的なものだ。

民営化が進んだのは、2004年度から公立保育所の運営費が、国の三位一体改革によって一般財源化されたことが最大の理由である。

公立保育所の運営費は国庫負担金制度だったものが、一般財源にされてしまった。いわゆる「紐付き」である国庫負担金制度とは違い、一般財源化されてしまうと、自治体が予算配分を決めることになる。考え方次第では公立保育所へのお金を減らし、他の予算に振り分けることになる。

さらに、２００５年度からは、延長保育など、保育所で行う「特別事業」にかかるお金が、それまでの補助金から交付金化され、２００６年度からは、公立保育所の建設や施設改修などに使われる「施設整備費」が交付金の対象外となった。そこで２００６年度以降、公立保育所の運営費のすべてが地方公共団体の一般財源から支出されるようになった。

これらの相次ぐ予算付けの変化が、保育所施策には非常に大きな影響を与えた。

これらはいわゆる「三位一体の改革」で国から市町村へ財政権限委譲という形にされたものだが、実際には「兵糧攻め」のようなものだ。国から公立保育所整備に関するお金が来なくなったのだから、市町村の予算は圧迫されるようになり、市町村が新たに公立保育所を作るのが難しい状況を生み出した。

その結果、公立保育所はどんどん民営化されていった。それまでは公立保育所のほうが私立保育所よりも数が多かったのに、２００７年には私立保育所の数が公立保育所の数を上回るようになった。２００４年からは毎年、全国で２００を超える公立保育所が、民間移管などによって減り続けている。

一般財源化で、自治体が公立保育所を整備することができなくなったことも、待機児童解消を困難にした原因のひとつであるはずなのだが、そのことはほとんど指摘されていない。

選挙公約としての待機児童解消

林文子横浜市長が「待機児童解消」を最大の選挙公約にして市長に当選したことは前述したが、そのように選挙公約に「待機児童解消」を掲げる候補者は少なくない。

たとえば、２０１４年の東京都知事選挙に立候補した主な４人の候補者の、子育てについての公約を見てみよう。

子育て支援について、最も多くの公約を掲げていたのは宇都宮健児候補だった。「子育てしやすい環境づくり条例」により、「保育所の待機児童解消」を掲げ、「待機児童ゼロにするために、5年間で5万人、当面2万人超の認可保育所等の定員増をはかります」としていた。

当選した舛添要一《ますぞえ》現都知事は「保育所・学童待機児童の解消、駅近・夜遅の保育所の拡充、新築高層ビルへの保育所設置義務付け」を公約に掲げていた。

細川護熙《もりひろ》候補は「『待機児童ゼロ』を任期の間に早急に実現します」として、女性が働きやすい東京の実現をうたっていた。

有力４候補の中で、唯一「待機児童」のことを公約に掲げていなかったのが、田母神《たもがみ》俊雄候補だった。「子育て中の保護者に対する多様な子育て支援策をいっそう推進、強化し、東京に生まれ育つ子供とその家族を全力で守り、支援します」としていた。もともと「子どもは家庭で育てるべき」という同候補の主張と、子どもを保育所で預かる枠を拡大する待機児童解消の施策とでは相容れないため、「待機児童」について触れることがなかったのは当然のことだったのかもしれない。

その田母上候補に、20代の若い世代の得票が集中した。

先日、「都知事選挙では田母上候補に投票した」という母親に偶然出会ったので、その投票行動の理由を尋ねたところ「最も施策を実現できそうだったから」ということだった。具体的な施策の中身よりも、本人のカリスマ性などに期待する若い世代が多かったのだろうか。

この4候補の中で、舛添要一候補が都知事に当選したのだから、東京では「駅近・夜遅」の保育所が増え、「新築高層ビル」には必ず保育所が併設されることになるかもしれない。「駅近・夜遅」の保育所も、「新築高層ビル」の保育所も、どちらも「親の便利」を優先し、「子どもの不便」に値する保育所だと感じるが、それを選んだのは都民自身である。それらの施策はいずれ、都議会で検討され、条例として成立していくものになるだろう。自治体の政治は、実は最も私たちの子育てに近いところにある。

選挙対策で始まった待機児童解消のための期間限定施策がずっと続けられている事例もある。神奈川県川崎市では、1998年2月から待機児童解消のために始まった「赤ちゃん安心おなかま保育室」という施設がある。

これは「保育所入所要件を満たし、入所できない児童を対象に保育するもので、家庭保育福祉員制度を基にしている」というもので、保育ママの連携のような形で運営される保育である。当時の市長選挙の際に待機児童対策として突如発表されたもので、待機児童が解消されるまでの限定施策とされたのだが、その後16年以上を経て、まだ閉鎖されることはなく、その数は増え続けている。苦肉の策として始められたものが、ずっと続いているところに、待機児童解消問題の難しさを感じる。

第3章　待機児童はなぜ生まれるのか？

保育所「普及率」

日本は異常な早さで「少子化」が進んでいる。子どもの数は少なくなっているはずなのに、なぜ保育所に入れない子どもたちが出てくるのだろうか、という素朴な疑問は、もしかすると待機児童問題を考える上での最も大きなヒントになるかもしれない。

そこで、ここではなぜ日本では待機児童が生まれるのか、というテクニカルな問題について考えていきたい。そして、一部については、どのように解決しているのかといったことも書いていきたい。

これは、保育制度のあり方とも大きく関わっている。

まず、そもそも待機児童が生まれる原因は、単純に考えて、保育所に入所したいと申し込んでいる子どもの数と、保育所の定員の数が合っていないからだ。

それについて考えるポイントは、保育所の「普及率」(「定員率」ということもある)という数字だ。自治体の就学前人口(0〜5歳)に対して、保育所の定員がどれだけの割合かを計算して算出する。この普及率が高い自治体では待機児童が少ない。ところが普及率が低い自治体で保育ニーズが高まったときに待機児童が発生する。

たとえば、富山、石川、福井など北陸地方の県では、昔から母親の就労率が高かったことから、保育所の普及率も高く、50％を超えているところが多い。逆に、横浜などはもともと専業主婦が多く、普及率が低い自治体で、２００７年には約18％程度だった。それが２０１３年には27％にまで上昇させている。国の目標数値は約40％と言われており、この数値まで保育所を設置できれば、理論的に待機児童はほとんどいなくなるはずだ。

もちろんこれは認可保育所の数字なので、認可保育所の普及率が上がると、逆に認可外保育所に子どもが集まらなくなり経営が難しくなる場合もある。そこが待機児童解消の難しいところでもある。

補助金・運営費の問題

認可保育所が増えない理由のひとつとして、必ずあげられるのが「財源」の問題だ。

認可保育所は、主に税金で運営されている。私立保育所の場合は、運営に必要な費用の2分の1が国、都道府県と市区町村が4分の1ずつを負担している。公立保育所の場合は、２００４年から運営費が一般財源化され、自治体が独自に分配する形になっている。公立にせよ私立にせよ、認可保育所を作れば作るほど、自治体の負担は大きくなる。

加えて新たに施設を作ったり改修したりするための「施設整備費」も一般財源化されたため、公立保育所の新設はもちろん、改修すら難しい状況になっている。

120人定員規模の認可保育所を1園増設するには1億5000万円以上のお金がかかる。施設を作った後も、毎年1億円近いランニングコストが必要になる。

さいたま市で認可保育所に入所できず、異議申し立てをしたある保護者が「公立保育所を作らないのはおかしい」と市に言いに行ったという。すると「公務員を減らせって言ったのはあんたたちでしょう!」と逆ギレされたという話も聞いた。公務員を減らす前に国の補助金がなくなっているのだ。

本来、認可保育所は必要があるときにいつでも申請して、認められれば翌月から入所できる、ということになっている。仕事を辞める、引っ越すなど、就学前の子どもを抱える人たちは特に移動が多く、保育所の子どもの出入りは激しい。空きがあれば、そこに申請していた人がうまく入ることができる。

ところが最近では、待機児童があまりにも多い地域の保育所では、年度途中で入所することはほぼ不可能に近くなってきている。ほとんどの保育所は、認可、認可外を問わず、年度替わりの4月に入所するのが一般的だ。本来の保育所の機能から考えると、これはおかしなことなのだが、なにしろ待機児童が多いことから、それが定番の入所のあり方になってしまっている。

子どもたちは、4月1日時点の年齢ごとのクラスに入所することになる。そして、そのときに入所した子どもの数が入所人数で、入所できなかった子どもの数を「待機児童」として国に報告することになる。

本来の機能を考えれば、翌年の3月にも入所申請をする子はいるだろうし、そのときに申請を受けて入所させなければならないはずだ。翌年3月までに生まれてくる子はたくさんいるし、育児休業が明けたり、新しく仕事を始めたなどの理由で、年度途中から入園申請する子もかなりいることだろう。

翌年の3月にも新しい入園児を受け入れることができるようにしておくためには、4月の時点では、相当な人数分を空けておかなければならない。

しかし、問題は2つある。

保育士や職員の給与の問題と、「保育」そのものの問題だ。

今、私立保育所には「運営費」というものが国から市町村を通して紐付きで渡されている。公立保育所については、前出の通り、一般財源化されていて、そういったお金はない。

運営費の中で最も大きな割合を占めるのは人件費だ。日本保育協会青年部の調査では、全国の私立保育所の平均で、運営費の人件費割合は70・2%。つまり、運営費の大部分が人件費になる。そして、運営費は子どもの人数や園の規模によって変わるため、4月の時点で定員がほぼいっぱいになっていないと、満額に近い運営費が下りない。地方自治体の単独助成で運営されている東京都認証のような認可外保育所では、さらにシビアだ。毎月初めの在籍人数で、補助金の額が変わる、ということも普通である。

4月1日の時点で、認可保育所も、認可外保育所も満員にしておかなければ、3月までの保育士や職員の給与をまかなうことができない。だから、そこで余裕を持って定員を空けておくことができないのだ。

もちろん、満員にしない分を助成することで待機児童対策にしている自治体もある（群馬県高崎市など）。

もうひとつ、保育そのものの問題もある。

3月まで子どもが入ってくることを予定して、4月の時点で余裕を持たせておくとなると、子どもの人数によってできる保育が変わってくる。人数が徐々に増えていくとなると、保育をしにくいこともあるだろう。経験年数が少ないスタッフばかりの園では対応しにくいはずだ。

そういった理由で、４月時点で保育所の定員はどこもほぼ満員状態になる。年度途中から入ることはなかなかできず、必然的に待機児童が生まれることになる。

定員枠の問題

一方、待機児童が大勢いる横浜のような地域でさえも、実は密かに定員割れをしている保育所が少なくない。駅から遠くて不便な場所にあったり、何か評判の悪い園だったり、さまざまな理由で定員割れを起こしている園があるが、そのうちのひとつに「新設園」の定員枠の問題がある。

新設園は、待機児童を抱える親たちにとっては、魅力が高い。というのも、待機児童が大勢いる０歳から２歳クラスでも、全部の定員枠が空いているから、一気に大勢の入所が可能なのだ。新設園は、０〜２歳から一杯になっていく。４〜５歳の子どもは、保育所に途中入所することはあまりないからだ。４〜５歳で保育所に入れなければ幼稚園を利用したりする手もある。

もし４〜５歳児の入園希望者がいても、１人や２人だったら入園後の保育が成り立たない。だから開所したばかりの時期には、新設園は定員割れを起こすところが少なくない。すると、前述のとおり、4月1日の段階で定員に満たないことから運営費が満額下りず、運営が大変になってしまうという問題がある。

当初空いている3~5歳が満員になるまでには、3年ほどかかるそうだ。それまでの間、空いている保育室を使って、暫定的に待機児童の多い0~2歳を預かってしのいでいる自治体も多い。園の側からすれば、運営費が満額に近く下りてくるし、0~2歳ではその金額も高い。さらに自治体の側からすれば、待機児童が多い0~2歳を預かることで、少しでも待機児童の数を減らすことができる。

「暫定定員」という呼び方をするが、そういった方法を使って、新設園の定員割れを利用する場合があり、待機児童が多い自治体ではかなり実施されている。

公立「待機児童園」

待機児童解消にはスピード感が必要だが、保育所専用の園舎を整備するために3年程度はかかる。それでは0歳だった子どもも3歳になってしまい、把握していたはずのニーズはすぐにずれてしまう。

そして、待機児童は０〜５歳にまんべんなくいるわけではない。そのほとんどが０〜２歳。特に最近きわめて増えているのが、育児休業明けの1歳の待機児童だ。

そういった待機児童に対応するため、静岡市には、待機児童だけを入所させる、「待機児童園」というユニークな施設が２カ所設置されている。そのうち最初にできた駿河区の「待機児童園おひさま」に、一度取材に行ってきた。

「おひさま」は、待機児童だけを預かる「公立の認可外保育施設」だ。だから「認可外」だが、保育はすべて静岡市の公立保育所の保育士によって行われている。面積基準や職員配置はもちろん、保育料も市内の認可保育所の基準と同じだ。

建物は軽量鉄骨の平屋建てで、南向き。床面積は５５０㎡とゆったりしている。入口の引き戸をあけて中に入ると、建物の奥まで廊下が続いている。廊下の左側には給食室があり、その奥に２歳児の部屋が２部屋。廊下の右側には手前から０歳児の部屋、1歳児の部屋がそれぞれ２つずつ配置されている。

園児のいる保育室の広さは20畳ほどはあるだろうか。０〜1歳の部屋は転んでもケガの少ないコルク材を使っている。天井まで届いた南向きの窓からは、明るい日差しが差し込んでいる。保育室の中は、食事用のスペースが区切られていて、そこに食事用の小さな椅子とテーブルがセットされている。4月に訪れたとき、子どもたちはそこでおやつを食べていた。

一般的に4月の保育所は泣き声に包まれていることが多い。ところが、この園では園児と同じくらいの人数の保育士がいるせいか、園児はとても落ち着いていて、園の中もとても静かだった。

そのときに「もっと子どもが多いときに来るとビックリしますよ！」と言われたが、2014年2月に訪れたときも、保育がとても落ち着いていて、ざわつくようなこともなかった。

当初の計画では、0歳、1歳、2歳を合わせて72人定員でスタート。運営してみると0歳、1歳が多いことがわかったので、年齢ごとにきっちり分けず、0～1歳のための4部屋を使って0～1歳を見るようにしているという。確かに4月に訪れたときには、6つある保育室のうち使われているのは0歳児の部屋2つだけだったが、翌年2月に訪れたときには1つをのぞいて5つの部屋が使われていた。やはり2歳の部屋は満員にはならず、0歳1歳ばかりが満員になっている。

ここの施設では最大で60人以上の赤ちゃんを一度に預かることになる。

保育事故のほとんどが0〜2歳で起きているので、現場の保育士からは「とても気を遣って、慎重になります」という声を聞いたが、一方で「大勢の乳児と接することができるので、逆にとても勉強になる」という声もあると聞いた。

「入所先が決まった後も、ここでずっと保育してほしい」という保護者もいるそうだが、それはできない。希望している認可に空きができた場合には、必ずそちらに転園しなければならない決まりがあるのだ。

それができるのは「公立」の資源を使っているからだ。保育士たちは、年度初めは別の市内の公立保育所に配置され、夏を過ぎて、「おひさま」の子どもの数が増えてきたら、随時、移ってくる仕組みになっている。

子どもたちの穏やかな時間が流れ、「待機児童」という言葉から受ける悲愴なイメージは、全くない。

静岡市では2004年から待機児童が30人前後で推移してきた。一方で就学前人口はどんどん減っているため、認可保育所を新設する政策は難しく、苦肉の策として考えられたのが「待機児童園」だったのだという。

市内で最も待機児童が多い駿河区に「待機児童園おひさま」ができたのは、待機児童解消に取り組んでいた、当時の前市長の声かけだった。

現在の静岡市の田辺信宏市長が「静岡を希望の岡に」というキャッチコピーで当選したのは、２０１１年4月。田辺市長の子育て分野でのマニフェストは、「保育所の待機児童を『ゼロ』にします」というもので、ホームページには
「『働きたいのに、子どもを預かってくれる保育所がない』という現状を改善します」

「現状は…平成22年度当初では、申請したものの保育所に入所できなかった児童が40名。年度中の増加を含めれば２００名以上の待機児童が存在すると予測されます」

「解決への道すじ～待機児童支援センターを葵区と清水区にも設置します。保育所の新規開設を進めます」とある。

公約どおり、まずは清水区に「待機児童園まりん」を設置。２０１４年10月には葵区に3つ目となる「待機児童園」を設立した。

こういった施設も、すべてマニフェストから始まっていることがわかる。

用地転用

よく、少子化との兼ね合いで、「廃校になった小学校」や「廃園になった私立幼稚園」

を保育所に転用すればいいだけではないか、という意見を耳にすることがある。

確かにそう都合よくできればいいのだが、基本的には小学校が廃校になるようなところは、過疎化で住民が少なくなっている。最近では、東京都内でも人口の偏りがあり、廃校になる小学校もある。そういった地域では、就学前の人口も少なく、保育ニーズが少ない。ただ、それでも転用してしまえば、遠くから車などを使って、無理をしてでも預けようという人は確かに出てくる。

廃園になった幼稚園を保育所に転用するときにいちばん問題になるのは、給食施設だ。認可保育所には、給食を自園調理しなければならないという決まりがあり、自園に調理施設が必ず必要だ。しかし、幼稚園は認可でも給食施設は必要ないため、自園調理施設を持たない幼稚園も多いのだ。

また、保育所には0～1歳の赤ちゃんのための「ほふく」（ハイハイ）スペースを作る必要もある。施設を転用する場合には、新たに給食施設や「ほふく室」を設置する必要があり、その経費が問題になるが、新設するよりははるかに安くできる。

ほかにも方法はある。たとえば東京都世田谷区の待機児童は日本最多ではあるが、その対策は「世田谷方式」とも言うべきユニークな試みばかりだ。公園や公務員住宅の跡地などの国有地、都有地に保育所を建てているほか、公立中学校の中にも保育所を作っているほどだ。

自由が丘に近い静かな住宅街の中にある八幡中学校の中にある等々力保育所分園「このは」に行ってみた。体育館とフェンスの間の長細い土地に、新たに木造2階建ての園舎を建てた。面積は313・11㎡と決して広いとは言えないが、木のぬくもりが感じられる温かな雰囲気の園舎だ。

60人ほどの子どもが通っている。

園側も、最初は不安も多かったそうだが、園と中学の行事の予定を互いに交換し、園の運動会も校舎の中庭で行うようになった。中学生たちがほとんど使わない「裏庭」は草花が咲き、園児たちにとっては楽しい遊び場だった。

都内ではどんな場所でも保育所用地に転用するしかない。

20年限定認可保育所

待機児童解消に積極的に動いている東京都町田市では、石阪丈一市長の「認可保育所で待機児童解消をする」という公約に基づいて、2009年から「20年限定認可保育所」という期間限定の認可保育所での待機児童解消に努めている。土地の所有者が新しく建物を建て、法人がそこを借りて保育所を運営する「新築型」と、もともとある建物を改修して保育所として利用する「改修型」の2つの方法がある。

市が20年間、土地には３０００万円の補助金、建物には月額60万円の家賃補助をする約束になっている。法人を公募で募り、２０１０年4月から6カ所で４９０人分、２０１１年までに１０２１名の定員増を実現した。需要は増えつつあり、増設のペースは上がっている、という。２０１３年度にも新たに新築型１園、改修型２園の「20年限定認可保育所」を整備している。

町田市では、「本来、純粋に認可保育所に入れない人数で考えるべき」という方針で、旧定義に近いカウント方法でかなり厳密に待機児童数を数えているという。２歳までの乳幼児を家庭で預かる「保育ママ」も、町田では待機児童対策と位置づけられており、待機児童にならないと申し込めない。

待機児童が増えているとはいえ、少子化は着実に進んでいる。町田市では現在の学年人口が約４０００人のところ、数年後には３０００人程度になることが予想されており、将来的には少子化傾向にある。その中で保育サービスを拡大する事業者にはリスクがあり、なかなか参入が進まない。そこでこういった方式を考え出したという。20年後に子どもの数が減っていれば、建物は老人施設など、別の事業に転用することもできる。2期目のときに話を聞いた石阪丈一市長は「認証保育所ではなく、認可保育所で待機児を解消しますというほうが、信用力もインパクトもある」と認可にこだわった理由を説明していた。

「0歳や1歳の赤ちゃんが庭で野球をやるわけではないとはいっても、やっぱり子どもには庭があったほうがいいし、途中で他の園に移るのは親にとっても不便。保育ママやこども園など、ほかにもいろいろなニーズがある中で、認可保育所に入りたい人のために、リスクを抑えて認可保育所の数を増やすにはどういった方法がいいか、検討してきた結果です」と話していた。

もちろんこれだけで待機児童が解消できるわけではないだろう。しかし、2008年のリーマン・ショックが起きる前に、すでにこういった新しい認可保育所増設のスタイルを研究してきていたことで、町田市では急激な保育需要の増加に対応することができた。

将来の転用を前提としてもいいだろう。その上で今、目先の0~2歳の待機児童をきちんと保育できるようにする必要がある。待機児童の原因は決まっている。そこをどうすればいいかを考えれば、テクニカルな対応はできるはずなのだ。

第4章　待機児童と保育事故

弾力運用というポイズン

保育所の「規制緩和」が始まったのは、2001年のことだ。

しかし、それから15年近く経った今でも待機児童が解消されていないことや、規制緩和に伴って認可保育所での保育事故が急増している事実を見れば、規制緩和が、実際には保育の分野では何の役にも立っていないことは一目瞭然だ。

ここ数年、認可保育所での死亡事故が増えている。認可外保育所のほうが、認可保育所よりも事故率は20倍以上も高いのだが、今になって認可保育所で亡くなる子が増えてきている。その原因のひとつに「規制緩和」があるのではないか。

待機児童が多く、認可保育所でも「ここは本当に認可なの？」と思うほどぎゅうぎゅう詰めになっているところが少なくない。なにしろ、弾力化により、ほとんどの保育所で、4月時点から定員の15％増しで子どもを預かっているのだ。

企業による新しい保育所の開設以外にこの「待機児童ゼロ」を別の角度からの数字のマジックで後押ししたのが、「弾力化」あるいは「弾力運用」と言われる規制緩和だ。

弾力化を始めたのは、もちろん、2001年の小泉首相である。小泉首相時代が国会の本会議場で発表した「待機児童ゼロ作戦」で導入されたのが、保育所定員の「弾力化運用」であった。市町村において待機児童解消等のため、定員を超えて入所できるようにすることをいう（平成10年「保育所への入所の円滑化について」（厚生省児童家庭局保育課長通知）による）。

保育所には「定員」が設定されているが、待機児童の多い地域では、その数字に対して、年度初めでは約15％、年度途中では約25％、年度後半にかけて（10月以降）はそれ以上の定員を上乗せして保育を行ってもいい、ということになっている。「弾力運用」とは、端的に言って「詰め込み保育」のことだ。

全国的にこの「詰め込み」が顕著になってきており、もちろん横浜でも例外ではない。特に、横浜では公立保育所でこの弾力運用を課している。

たとえば、ホール（子どもの遊戯室）を保育室に転用して定員を24人増やした上、さらに弾力化して定員外でさらに25人の子どもを受け入れた市立保育所があった。また別の市立保育所では、園庭にあるプールを壊して保育室を作って13人の子どもを受け入れていた。園庭が狭くなり、子どもが思う存分動けるスペースがなくなったという声もある。

大阪保育団体連絡会が続けている大阪府内の保育所の調査では、保育に使わない廊下や、遊戯室、食堂などの面積も含めて床面積を出して計算している保育所がたくさんあることがわかっている。さらに、その上で定員の125%まで子どもたちを詰め込んでいる。「子どもたちが足の踏み場もない状態でお昼寝させられているところもある」と聞いた。

2013年4月26日、東京都杉並区内の保育所で、面積基準緩和に関する実証実験が行われた。杉並区内の保護者の協力によるもので、私も立ち会った。

マンションの一室で行われているような保育をイメージして、世田谷区などが採用している0歳児1人あたり5㎡の面積基準で保育をした場合、国基準の3・3㎡で保育をした場合、東京都認証保育所で採用している基準の2・5㎡で保育をした場合という3つのパターンを想定し、人員を配置して比較が行われた。

まずは第1場面、0歳の子ども1人に対して5㎡の面積での保育が再現された。

0歳児5人、1歳児4人、2歳児3人の計12人の子どもを異年齢の混合保育を行ったとして計算すると、保育士は3人必要になる。子ども12人、保育士3人で保育室にいる様子は、私が子どもたちを預けていた認可保育所の光景とあまり変わらない印象だ。

「0歳児1人あたり5㎡」という広さは、もともと多くの自治体で使われてきた基準だという。現在も自治体の基準はそれ以下であっても、公立など認可保育所の中にはこの5㎡

という広さをキープしているところも少なくないという。子どもたちは比較的落ち着いて、保育士と楽しそうに遊ぶ姿がよく見られた。

次に第２場面、０歳児の子ども１人に対して、現行の児童福祉法最低基準である３・３㎡を確保した場合が再現された。

０歳児７人、１歳児４人、２歳児４人の計15人の子どもに対し、必要な保育士の人数は４人になる。「最低基準」がいかに狭いかがよくわかる。保育室の中に合計で19人の人間がいるのだから、窮屈に感じるのだ。保育室の中にはベビーベッドも用意されたが、そこに寝かされたままの赤ちゃんが２人いたほか、おんぶと抱っこをいちどにしている保育士もいた。空間的な「余裕」はほとんど感じられなかった。

そして第３場面では、０歳児の子ども１人に対して２・５㎡の広さで保育した場合が再現された。

この広さは、さいたま市、大阪市などで検討されている規制緩和案の面積であるほか、すでに東京都認証保育所で実施されている面積基準に合わせたものだ。その広さに、０歳児８人、１歳児６人、２歳児５人の子ども19人と、その人数に合わせた保育士５人が入ってみた。45㎡（＝約27畳）の広さに、大人と子ども合わせて24人もの人間がいるので、「人が大勢いる」「混雑している」という印象を受けた。

気になったのはこの第3場面になったとたん、赤ちゃんが泣きはじめたことだった。赤ちゃんが保育士の脚にしがみついたり、おんぶと抱っこをして2人の赤ちゃんを体にくくりつけている保育士が、もう1人の子どもをしゃがんであやしたりしている姿も見られた。「余裕」は一切感じられない。

その状態のまま、保育室を再現したスペースに19枚のお昼寝用布団を敷く実験も行われた。手の空いている保育士が保育室を片付けながら、布団を敷いていく。そのかたわらで、布団を敷いている人の分まで引き受けて5人以上の赤ちゃんを遊ばせたり、3人の泣いている赤ちゃんをあやす保育士もいた。

ほかの人が懸命に保育にあたっている様子を見れば焦るものだ。布団を敷いている保育士は、なるべく早く布団を敷きたいと思うのか、自然と保育室の中を小走りで移動していた。

一方、部屋の奥にあるベビーベッドには寝かされたままの赤ちゃんが3人。しかし、誰かがその赤ちゃんに声をかけたり、抱っこすることはできなかった。

布団敷きが終わり、保育室の床に布団が敷き詰められている様子は、圧巻だった。ところどころ布団が重なり、まさにぎゅうぎゅう詰めの状態。この状態が毎日続けば、子どもたちにはもちろん、保育士にも精神的な余裕はなくなってくるだろう。

清潔な印象を受けなかったのも気になった。いずれ衛生的な問題（たとえば感染症など）が出たり、保育そのものにも影響が出たりするのではないかと思った。

あくまでも保育室を再現しての「実験」だったため、研究のような厳密さはなかったかもしれない。そのことを批判する人たちがいて驚いた。

しかし、私はこの目で見た。子ども１人あたりの面積を減らすと反比例的に部屋の中に子どもの数が増えていく。子どもが増えるのと同時に、保育者の数も増えていく。保育室の中は騒然として、落ち着かない雰囲気になる。

注目したのは、面積基準が低くなればなっていくほど、泣く赤ちゃんの数が増えていったことだ。あたりの雰囲気がせわしなくて落ち着かないと、赤ちゃん自身も落ち着かない気持ちになっていくせいなのだろうか。

第１章でも取り上げたが、保育所の面積についての有名な研究としては、前述の２００８年に社会福祉法人全国社会福祉協議会が行った「機能面に着目した保育所の環境・空間に係る研究事業総合報告書」がある。この中で「保育所における食寝分離の視点から、２

歳未満児は1人あたり4・11㎡（現行は3・3㎡）、2歳以上児は2・43㎡（現行は1・98㎡）と現行より高い面積基準が必要」という結論が出ている。

面積基準はすべて「子どもの数」で割って計算されているが、子どもの数が増えれば、保育士の人数も増えていくことは意外と忘れられているものだ。子どもよりも体が大きい保育士が増えれば保育室が狭くなるのは当然だった。本来、保育士の人数も含めて割り算するべきなのではないだろうか。

日本の保育所最低基準は、第2次世界大戦後、日本が最も貧しい時代に設けられた基準である。導入したときの厚労省の保育課長が「最低の最低」と言い切った基準であることは、今も伝説のように語りつがれている。今の豊かな日本にはそぐわない。そして「基準」は、全国どこでも平等に設けられていることに意味がある。東京など待機児童の多い都市部で育つ子どもたちは、狭くて環境の悪い施設で過ごして当たり前、というのであれば、それは「平等」ではない。

目の前で「詰め込み保育」の現実をまざまざと見せつけられ、恐怖を覚えた。

子どもの育つスピードは速い。生まれたばかりの赤ちゃんも3年経てば幼稚園に入所する年齢になる。子どもの育つスピードと、予算取りをしてイチから設計して普通の保育所ができるまでのスピードとは合わない。だから待機児童を解消するには子どもの成長の速度に負けないスピードが求められる。

スピードが最も速いのは、今ある施設の基準を弾力化することだ。しかし、狭い施設に「詰め込み」をすると、必ず赤ちゃんが死ぬ。弾力運用のポイズンを飲まされるのはいつも子どもなのだ。

規制緩和と待機児童問題と保育事故

規制緩和、そして待機児童の問題と大きく結びついているのが、保育事故だ。

厚生労働省の発表では、２０１１年の１年間に報告があった保育施設で亡くなった子どもは14人。それが２０１２年には18人、２０１３年には19人になっている。今まで伏せられていた事故が新たに掘り起こされたという面があるにしても、保育事故は確実に増えている。

亡くなった子どもの状況を一人ひとり見ていくと、死亡事故にはパターンがあることがわかった。亡くなるのは０歳児が最も多く、次いで１歳、２歳。そのほとんどが「午睡中」に亡くなっている。一方、３～５歳児（満年齢で６歳まで）の子どもが亡くなる例はき

【図3】保育施設における死亡事故報告件数
〜10年間で143人が死亡

	0歳	1歳	2歳	3歳	4歳	5歳	6歳	合計
2004〜09年	23	13	5	3	3	3	2	49
2010年	6	5	0	0	0	1	0	12
2011年	7	5	2	0	0	0	0	14
2012年	10	4	2	1	0	0	1	18
2013年	8	8	3	0	0	0	0	19
追加	21	7	2	1	0	0	0	31
合計	75	42	14	5	3	4	3	143

（人）

※厚生労働省が2010年から報告を行ったものをもとに著者が作成。
「追加」は、2013年12月11日に厚生労働省が報告数を追加修正した数字。

わめて少なく、そのほとんどが園外で起きた事故（交通事故含む）によるものだ。3〜5歳の子どもが園内で亡くなった事例はほとんどなく、もしあれば、非常に特殊な事情によるものではないかと推測できる。

認可保育所と認可外保育施設の区分をみると、圧倒的に認可外保育所での事故が多い。ほとんどが0〜2歳だが、認可外保育所で亡くなった0〜2歳の中には、「うつぶせにされて上から布団などをかけられた」というような、虐待に近い状態で命を落とした子どもが少なくない。そしてその多くが初めて預けられた当日、あるいは数回目までに亡くなっている。

そこにも理由がある。

預けられてすぐの乳児はよく泣くからだ。

一般的な保育所で乳児が泣けば、誰かがおんぶしたり、別の部屋に連れて行ったり、泣き止ませるためにあやしたり、さまざまな手をかけることができるだろう。泣きやませるテクニックもあるし、赤ちゃんの要求である「泣き」を受け止めることもある。

しかし、事故が起きた施設の多くは、保育室の面積が非常に狭く、職員が少なく、無資格者や資格を持っていたとしても経験の少ない場合がほとんどだ。

そのような施設で乳児が泣くと、保育者が困る。

どうしてもその子を泣き止ませなければ他の子を寝かせることができない。おんぶしたりする人手の余裕がなく、別の部屋などの施設の余裕もない。泣き止ませる保育の知識も「泣き」を受け止める力もない。それでもどうしてもその乳児を無理に寝かせようとしたときに、うつぶせにして上から布団をかけるといったことが行われるのだ。

余裕のない保育施設の運営が、子どもの死亡事故を招いているといっても過言ではない。

そして、調べてみると、亡くなる子どもの多くが、認可保育所には条件的に預けられない、あるいは預けようとしたけれども入れなかった待機児童である場合が多い。

埼玉県さいたま市で２００９年６月に生まれた女の子は、認可保育所に入れなかった。

母親が育休を半年延ばしたものの、やはり入れず、さいたま市が補助金を出して運営している認可外の保育室に預けられた。ところが1歳7カ月のとき、女の子はその保育室で亡くなった。

女の子が亡くなったのは、２０１１年2月10日。認可外の「保育室」で、お昼寝中のことだった。その日の12時半頃にお昼寝を始め、13時半頃に一度起きて泣き出した女の子を、保育士がうつぶせに寝かせ、その上からバスタオルや布団をかけて放置したとして、両親は今も裁判で争っている。

保育士が異常に気づいて病院に搬送したのは午後4時頃だったが、すぐに死亡が確認された。司法解剖の結果、死因は「不明」。

厚生労働省の「認可外保育施設指導監督基準」では、赤ちゃんを寝かせる際にはあおむけで寝かせるように定められている。しかし、市の事故報告書によれば、女の子は発見されたとき、うつぶせ寝の状態だったという。明らかに指導基準違反の保育が行われていたのだ。

女の子はその年の4月から、市内の認可保育所に入れることが決まっていた。入所承諾の通知が届いたわずか5日後の悲劇だった。

「さいたま市は公立保育所は作らず、待機児童は認可外保育施設で対応すると言っています。でもそれではまたいつ、うちの子のようなことがあるか……。行政の責任で、ちゃんと認可保育所を増やしてほしい。認可で待機児童を解消してほしい」と母親は訴える。

毎年1月下旬になると、厚生労働省は前年1年間に報告があった、全国の保育施設での事故の報告書を発表している。ここでいう「保育施設」とは、認可、認可外の保育所のほか、保育ママも含まれているが、ファミリーサポート、学童保育、そして幼稚園などは「保育施設」には当たらないため含まれていない。

もちろん、中にはすぐれた認可外施設もあるが、子どもを育て始めたばかりで情報や知識のない親が、見極めるのは難しい。

一方で、前述したとおり認可保育所での死亡事故報告も、２０１２年に比べ、２０１３年は４件も増えている。

保育施設で亡くなることが多いのは0～2歳だが、それは待機児童の8割を占める年齢と一致する。認可保育所に入所できなかった赤ちゃんが、やむなく預けた先で事故にあう事例が多い。

事故の中には「虐待」にあたるような事例も多い。

たとえば２０１１年4月、埼玉県川口市の認可外保育所（事故後に閉園）で、1歳5カ月の女の子が、押し入れの中に寝かされていて亡くなった。

20代の無資格のアルバイトの女性2名が、その女の子と、もう1人の別の男の子を一緒にベビーラックのようなものに入れ、押し入れの中に寝かせて戸を閉めて放置した。気づいたときには男の子が女の子の上に乗っていて、女の子が亡くなっていた。

ほかにも、一時預かりで預けたその日に亡くなった事例や、お迎えに行った母親が、すでに亡くなっていて死後硬直した子どもを返されたなどの悲惨な事例も複数ある。

「認可外保育施設指導監督基準」では、認可外保育施設への立ち入り調査を行う際には原則的に事前予告をすることになっている。中には抜き打ち調査を行う自治体もあるが、義務ではないため、徹底しにくい。調査が入ると言われた日だけ、施設を整えて保育をよく見せることはいくらでも可能だ。

そしてこれはあまり知られていないのだが、保育施設で事故が起きても、報告することは「義務」ではない。これを守る法律がないのだ。

解剖の結果も赤ちゃんの場合は「死因不明」となることが多い。それに従い警察が「事件性がない」と判断すれば、報告されずに闇に葬られることもある。遺族は泣き寝入りするしかない。

死亡事故があったことも公開されない。知らずに、また預け先が見つからない赤ちゃんがそこに預けられるかもしれない。実際、事故を繰り返す経営者は少なくなく、彼らを「リピーター」と呼んでいる。

保育施設での赤ちゃんの死亡事故について調査を行っている「赤ちゃんの急死を考える会（ＩＳＲ）」の調査によれば、一昨年は、一時預かりで初めて預けた当日に亡くなった赤ちゃんが３人、夜間保育で３人、無資格者が保育していた施設でも数件事故が起きていることがわかった。劣悪な保育環境が赤ちゃんの死亡事故につながっている。認可保育所も待機児解消のための詰め込みや大規模化、職員の非正規化を受けての保育現場のレベル低下があるのではないか、と調査では指摘している。

さいたま市で女の子を亡くした母親は、次に生まれた長男を２次選考で認可保育所に入所させることができた。初めて認可保育所に子どもを預けることができて喜んでいたのも束の間、すぐに新たな悲しみに襲われた。

「娘を預けていた認可外とのあまりの違いに愕然としてしまいました。娘も、こんな素晴らしい環境で過ごさせてあげたかった。娘に申し訳なくて、息子が認可園に入れたことを心から喜べずにいます。」

2013年、保育事故のキャンペーン的な報道を行った読売新聞では、取材班が報告されていない保育事故をたくさん見つけ出し、厚労省にそれらを「保育事故」として認めさせ、新たに報告させた。

その数は10年間で31名にのぼる。

私がそれらの報告をまとめたところ、10年間で、厚労省が把握しているだけでも、全国で143人もの子どもが命を落としていることがわかった。

「保育所は『地獄の預かり箱』。仕事を辞められない親たちが、その弱みにつけ込まれて仕方なく子どもを預けている」

2009年、都内の母親が、取材の中で涙ながらに口にした、このショッキングな言葉が今も忘れられない。

それでも、私たちは子どもを預けて働かなければならない。

大人の都合で、主に経済的な理由による何の根拠もない規制緩和を受け、何の法的な支えもなく、助けもない中で運営される保育所は、まさに子どもたちにとっては「地獄の預かり箱」にほかならないだろう。

預かればなんでもいい

２００８年10月末に倒産して閉園した「ハッピースマイル」というチェーンの企業保育所があった。私はそこで働いていた保育士たちに話を聞いたことがある。

会社本部からは、トイレットペーパーやティッシュ、子どもたちのおやつなど、保育で必要なものを買うためのお金も十分にもらえず、何度言っても、頼んでも、毎月３万円しか下りてこなかったそうだ。仕方なく保育士たちが「自腹を切ってそれらを補っていた」という。子どもたちを辛い目にあわせたくない、よりよい保育をしたい、という現場の保育士たちの良心だったと思う。

しかし、そんなことを長く続けていては、仕事にやりがいはなくなり、燃え尽きてしまう。実際、そこで働いていた人の多くが、心を病み、辞めていったと聞いた。

「子どものため」ではなく「会社が儲けるため」の保育をしなければならない保育士たちは、その矛盾を抱え、苦しんでいく。

私が知っているある東京都認証保育所は、元コンビニエンスストアだったところを改装して作ったものだ。その前は小さな木造の酒屋だったが、代替わりでコンクリートのビルに建て替えられ、1階がコンビニになった。そのコンビニが撤退した後、入ったテナントが認証保育所だった。

そこに保育所ができる、という張り紙が貼られているのを見ていたときのことだ。通りかかった人がその張り紙を見て「ここに保育所ができるなんて、信じられない！」と言う。理由を尋ねると、「酒屋さんがなぜ閉店したかを知っているから」だという。

「あそこには、車が2度も突っ込んでいるんです。それがきっかけで店主が体調を崩してお店を辞めることになったのに……そこに保育所を作るなんて危険すぎる」

確かに、その建物は交通量の多いバス通りの四つ角に面している。建物の後ろ側は急な坂道になっていて、コンビニだった店舗の前面のガラス以外には「窓」もない。子どもたちは一日中蛍光灯の下で、低い天井の下で過ごすことを強いられている。

オープンした後、再びその保育所の前を通りかかると、まだ慣れていない保育士たちがお散歩のために道路を渡ろうとしてなかなか渡れずにいるところだった。夏に見かけたときには、そのバス通りに面した場所で、青いビニールプールを出して、子どもたちが水遊びをしていた。その前をバスやトラックが勢いよく走っていた。

「車が2回突っ込んだ」という話を思い出し、ゾッとした。しかし、何もできない。聞けば、それでも、待機児童が多い地域だけに、４月の時点で満員だという。

私は、そこで保育されている子どもたちのことを考えずにはいられなかった。私の４人の子どもたちは全員が地元の認可保育所に入ることができ、広い庭で毎日元気に走り回って育った。

しかし、その「コンビニ保育所」の中で育つ子どもたちは、毎日、窓もない狭い部屋の中で、蛍光灯の下で過ごしている……。その格差をどうすればいいのか。

子どもには、誰でも公平に、安心で、安全な環境で1日を過ごす「権利」があるのではないだろうか。その権利が満たされている子といない子がいる。

規制緩和がもたらす保育の質の問題を考えるときに、絶対に忘れてはいけないことがひとつある。それは、そういった劣悪とも言える保育所であっても、そこに通う子どもがいて、そこに預けないと働けない親がいて、そこで働いている職員がいる、ということだ。

現場での保育を任されている保育士たちは、どのような劣悪な環境や保育をしにくい場所であっても、そこにいる子どもたちに「最善の保育」をと常に努力しているに違いない。

そして、保護者は保育士が性善説で行う保育を信じて、子どもを預けるしかない。「地獄の預かり箱」だと思っても、信じて預けざるを得ない。

しかし、保育をしにくい場所で保育を行うことは常に危険が伴うものだ。たとえば駅前の雑居ビルの中にある保育所なら、お散歩に出るたびにいちいち交通事故のリスクが伴う。高架下で太いコンクリートの橋脚が園庭や保育室の真ん中に立っているようなところなら、そこに子どもがぶつからないように、本来であれば不要な注意を払わなければならない。

そのために「保育」そのものが薄まっていく可能性が高い。ただ預かるだけで精一杯になっていく。一方で、現在、保育所に入所するためのいわゆる「保活」が激化している都市部では、「預かってもらえるならどこでもいい」と言い切る親が増えている。

これは最も危険なことだ。

親が「預かってもらえるならどこでもいい」と言い切ると、預かる側は「預かればなんでもいい」という保育に堕ちていく。保育者と保護者は合わせ鏡なのだ。両者が常によい保育を求め合っていく中で、保育の質は向上していくものなのに、今は、それが下を向いている悪いスパイラルに陥っている状況だ。

親があきらめた瞬間から、保育の質はどん底へと落ちていく。保育の質が落ちた果てにあるのは、保育事故だ。だから、親は絶対にいい環境をあきらめてはいけない。

第5章　「保活」の現実

「保活」の実際

「保活」という言葉を最初に使ったのは、2012年、週刊誌『AERA』であった。就活、婚活に始まったさまざまな「活」が、ついに保育所入所にまで使われるようになったのだと、ある意味感慨深かった。

しかし、本来、「保活」という言葉が存在すること自体がおかしいのだ。

後述するが、保育所は児童福祉法三十九条に基づいて設置、運営されている児童福祉施設である。そして、同じ児童福祉法の第二十四条において「自治体の保育の実施義務」が定められている。

たとえば、東京都港区に住んでいる人が、子どもを保育所に入れたいと考えて港区に申請した場合、港区にはその子どもを保育所で保育する責任がある。この児童福祉法第二十四条一項には「ただし書き」があり、そこには「保育に対する需要の増大、児童の数の減少等やむを得ない事由があるときは、家庭的保育事業による保育を行うことその他の適切な保護をしなければならない」とされている。つまり、待機児童が多くて、保育所に入所できない子どもがいる場合にも、保育ママなど、その他の「適切な保護」をする責任が、自治体にはある。

つまり親が「保活」を行わなければならないような状態になっているのは、自治体が児童福祉法をちゃんと守っていないからなのだ。

先にも述べたが、10数年前、まだ幼い長女や次女を保育所に預けていた頃、若い女性たちに「産んでしまえばなんとかなる」というアドバイスをしていたことを思い出す。待機児童は確かに多かったが、育児休業を切り上げて０歳で預けるなどすれば、フルタイム勤務の人ならなんとか保育所に預けられる時代であった。

しかし、今、もはや「産んでしまえばなんとかなる」とは決して言えなくなった。特にリーマン・ショックの後、保育所に入所するのが急激に難しくなっている。そこであの手この手で保育所に入所するためにする努力が「保活」と呼ばれるようになったのだ。

どんな事例があったのか。

たとえば２０１３年４月に、「保活」と呼ばれる保育所入所のための活動をしてきた東京都杉並区の母親たちに聞いた。

「妊娠がわかった初期からどんなにつわりがひどくても、ずっと『保活』を続けてきました。入所するために頑張っていたんです。杉並区では、０歳のときに認可外に６カ月以上預けていれば、保育所入所に有利になるポイントがつきます。認可に入る前に、まず認可外に入ることが必要。その認可外の入所予約の申し込みが先着順というところがありました。ひどいつわりをがまんして、朝6時にその園の前に行ったのですが、徹夜で並んでいるお父さんがいて……ショックでした」

「4月1日に入所するためには、その日に、川崎では生後43日、杉並では生後47日を過ぎてなければならないんですね。逆算すると2月8日までに産まなきゃダメなんです。だから、2月8日頃が予定日だった人は、ひたすら歩き回って早く出産できるように努力していました。中には『陣痛促進剤を使って早く出してもらう』と言っていた人もいました」

「フルタイムの正社員夫婦でも、認可保育所には全く入れない。認可外でも『300人待ち』なんていうのはざら。仕事を辞めたら暮らしていけません。いったいどうすればいいのか……」

同じ時期に、東京都大田区の母親たちからも話を聞いた。

「申請しましたが、認可はもちろん、東京都認証保育所にすら入れなかった。育休の延長でしのいできましたが、延ばせる期間にもさすがに限度があります。このままでは仕事を辞めなければならないんですが、それでは経済的に立ちゆかなくなってしまう」

「子どもが小さく産まれてずっとＮＩＣＵ（新生児特定集中治療室）に入院していたので、保活ができず、認証保育所に預けることができなかったんです。認可保育所に入所するために、一度、認証などの認可外保育所に預けなければ入れないような制度はおかしいと思います」

「昨年出産したのですが、フリーランスで育休がないため、必然的に収入が減ってしまって。その状態で申請したところ、〈働いているとは認められない〉と言われて入所できませんでした。まったく納得できません」

東京都調布市の母親はこう言っていた。

「3月生まれの長女の育休中ですが、1カ月間休業期間を延長して、年度替わりの4月からの入所と職場復帰を希望しています。東京都認証などの認可外に預ければ入所選考のポイントは高くなるけれど、毎月の保育料は8万円以上かかるので経済的に苦しい。認可外に預けずに4月に認可保育所に入れたいのですが、まわりからは『それでは入れないよ』と言われて。4月に復帰できなければ、育休を延ばすしかない。でも収入のことを考えると、もう休んでいるわけにもいかないんです。もちろん、辞めるわけにもいかないし。4月に入所できなかったらと思うと、ノイローゼになりそうです」

「保活」でノイローゼになりそう、という言葉は何度も聞いている。

待機児童が親の人生を変える

２０１１年秋、やはり待機児童が非常に多い東京都足立区の母親たちが作っている「保育所つくってネットワーク」というグループが行ったアンケートがある。アンケートに寄せられた言葉の数々はあまりに切実で、今も読むたびに涙が出そうになる。

調査では１６４人から回答が寄せられた。就学前の子どもをもつ回答者は１３７人で母親が9割、30代が7割をしめた。働き方は、正社員が４割、パートなど非正規が2割、仕事をしていない人が２割。各世帯の子ども数は１人が半数を超え、２人が３割だった。

まず、「認可保育園への入園申請にあたって、どんな努力や苦労をしたか」という質問には、こんな答えが寄せられた。

「認可外でも60名以上待っている状況で、復職をあきらめた。また認可に入園できてもフルタイム勤務でなければならない、２人目ができるなど仕事をやめた場合は退園など、条件が厳しく、仕事をしながら育児との両立は相当の努力や覚悟が必要となっています。犠牲にするものが多い」

「認可保育園に0歳から申請を続けているが、いまだに入園できず、来年もわからないため、幼稚園も受ける事になった。幼稚園になると、今の仕事が続けられず転職せざるを得ないが、今までキャリアを積んできた職種では続けられないのが最大の悩みである」

「リーマンショック後の申請だったため、特に待機児童数が多く、通える範囲の保育園にはとても入れませんでした。1歳での申請でポイントを加算するため、職場内の保育園に入れましたが、その程度の加算ではとても入れず、片道1時間（乗り換え1回）の通勤を親子で続けました。秋と冬はインフルエンザや風邪を電車内でもらってしまうんじゃないかと心配しつつ、震災後の規制運行も乗り切り、3回目の申請で区内の認可園へ転園できました。育休が長めに取得できるので良かったのですが、1年程度の育休しか取れずにやむなく退職するご近所ママも多かったです」

「年度の途中で入園しようとして見学に回ったが、どこの園でも難色を示していて、入れそうな園を探すうちに体調を崩して結局働けなくなってしまった」

「公立の保育園に入れず、近くの私立保育所へ入り、仕事をしながら申請し、入所待ちの状態でいましたが、2歳で第1希望の近くの保育園は入れず遠くの保育園が受かったので、悩みましたが保育園の近くへ引っ越しました。母子家庭で実家に住んでいたため、当時、

2人の生活になり、仕事、育児、生活が逆に大変になりました」

「経済的にきつかったので保育園に預けて働きたかったのに、働いていないとその保育園に入園するのは不可能。高い認証保育所に預けて認可保育園に入れるのを待つ。その間8カ月働いてもほとんど保育料にとられ、ほとんど手元に残らなかった」

「育児休暇を1年間取得したかったが、1歳児よりも0歳児のほうが入園しやすいと思ったので、産休明けてすぐに入園させました。でも、いろいろな病気になり、結局1カ月に何度も会社を休むことになり、1〜2歳までは育休をとりたかった」

「3人目の子どもをおろしました。同居の姑が気分により協力的だったり非協力的だったりしたため、毎日お迎えは誰か、延長するのかを確認しなければならず、職場では私用の電話と思われ不快がられている」

「1歳で育休が終了し、仕事に復帰する予定だが、4歳でないと認可保育園は申請しても入れない状態。上の子は認可、下の子は認証と2カ所に預け、費用も同じ認可なら下の子は半額のところ、認証は入会金や空調代もあり、2人合わせて10万円近くなり、つらかった。物理的にも2カ所に預けるのは大変」

「下の子が保育園に入れず、仕事を続けるのは無理と思い、正社員を退職。その後、正社員につけません。子ども（女の子）には、一生正社員で働ける環境を手に入れる努力をするようアドバイスしています」

「正社員だと定時で帰れないため、二重保育を強いられ、余分な費用がかかった。既に就労していて転居すると、認可に空きがないと認証や遠くの保育園へ通園させなくてはならず、出勤が早く、帰宅も遅くなり、母子ともに心身の疲労が蓄積していた。遅刻や子の発熱等で欠勤が続くと会社から冷たくされ、解雇されたこともあった。ホームヘルパー、ベビーシッター、近所の方などいろいろな人に二重保育を依頼してきたが、子どもが精神的に不安定になり、問題児扱いされていた」

「無認可に預けて高い保育料を払い続け、フルタイムで働き空き待ちをした。求職中の状態では入れなかった。フルタイムの正社員が安い認可に入れ、無職で求職中の生活が苦しい方が保育料の高い無認可にしか入れないことに強く理不尽を感じた」

「仲良くなった子どものお母さんと、認可保育園に入れるかどうかで関係がぎくしゃくする。たとえ自分だけ入れても、入れなかった子どものお母さんたちに対して気まずい」

「私には2歳になる息子がおり、今まさに保育所に入所できず困っている1人です。私たち夫婦は、2人とも実家が遠方なため子どもを預けられる身内もおらず、保育所にも入所できない状況なので、週3日深夜のコンビニでアルバイトをしています。理由はさまざまでしょうが、私のように困っているお母さん方は沢山いらっしゃると思います」

ここに紹介したのはごくごく一部で、実際のアンケートにはもっと多くの、せっぱつまった声が寄せられていた。

保育所に入所できないから、せっかく芽生えた命をあきらめざるを得なかった、という話は衝撃的かもしれない。しかし、実は、比較的よく聞く話だ。そのことで母親は大きな十字架を背負う。保育所に入れないことが、親の生き方まで変えている現実がある。

育児休業は保活休業

「本来、生まれたばかりのわが子と過ごす貴重な時間であるはずの育児休業の期間が、実際には保育所探しに費やされてしまったことを、今、とても後悔している」

待機児童問題がひどくなってきた2009年、東京都新宿区に住む母親のBさんに聞いた言葉だ。この言葉を今も忘れられない。Bさんは2008年の秋に育児休業から復帰しようとしたが、認可はもちろん無認可も入所できるところが全くなかった。結局、隣の区の高級ホテルの中にあったベビーホテルに子どもを預けて仕事に復帰。なんとか2009

年４月に認可保育所に子どもを預けることができた。

今の状況は当時よりもさらに厳しくなっている。育児休業期間は、そのまま「保活休業」になってきている。ただ漫然と休んで子どもと過ごしていたのでは、仕事に復帰することができなくなってしまう。保育所が少ないために、育児休業の本来の意味が失われつつある。

いや、育児休業に入る前の、妊娠がわかった直後から親たちが「保活」に走らざるを得ない今、育児休業を保活休業にあてたのでは遅いのかもしれない。

「子どもが保育所に入れないかもしれない」という不安は、多くの親たちを精神的に追い込んでいる。安定期に入る前に無理をして保活に励みすぎ、流産しそうになったり、入院した、という事例も聞いてきた。

「どうすれば保育所に子どもを預けられるのか」

その答えを求めて、「伝説」レベルのウワサを含めさまざまな情報が飛び交う。親たちはそれらを集めるのに必死になる。ネットや口コミの情報に一喜一憂し、少しでも保育所に入れる可能性を探し求め、あらゆる人のコネを頼り、「保活」に走っている。

ベネッセ教育総合研究所が行った「首都圏〝待機児童〟レポート」には、「保育所に入

【図4】首都圏の保育園入園申請の実態と結果

Q 対象のお子さんについて、4月において入園・利用を決定された保育施設・サービスについて、あてはまるものをひとつ選んでください。

□認可保育園　■自治体の助成を受けている認可外保育園（例：東京都認証保育所、横浜保育室、小規模保育室など）　■その他の認可外保育施設　■幼稚園　■その他　□預けていない・利用していない

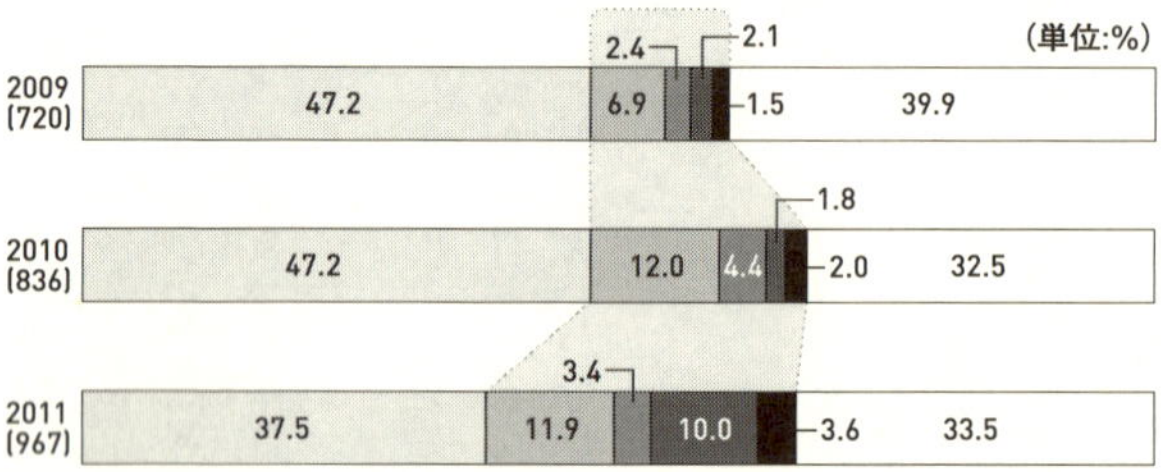

※「対象のお子さん」とは、（2009年/2010年/2011年）4月度に保育施設・サービスに入園・利用申請した子どものことを指す。対象の子どもが2人以上いる場合は、末子を対象とする。

※「その他」には、選択肢として用意した「市区町村の保育ママ」「認定こども園」「事業所内保育所」「ベビーシッター」「ファミリーサポート」を含む。

Q 4月時点で預け先が決まらなかった人は対象のお子さんの保育を行うために、どうしましたか？

□仕事、または再就職するのをやめ、自分で子どもの世話をすることにした　■自分または配偶者の育児休業を延長し、子どもの世話をすることにした　■祖父母・親戚に預かってもらうことにした　■友人・知人に預かってもらうことにした　□その他

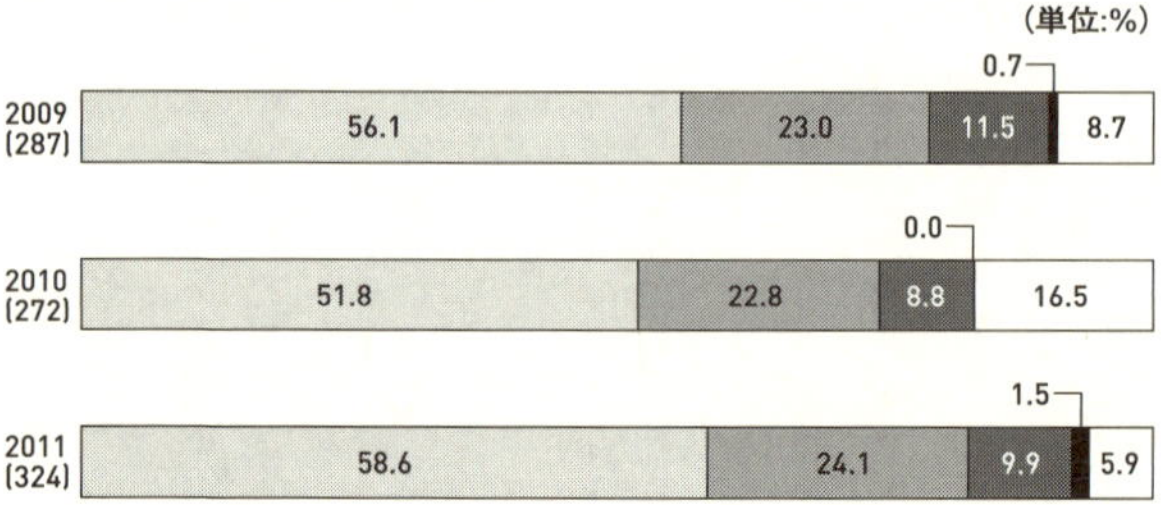

出典：ベネッセ教育総合研究所　「子育てトレンド調査レポート第5回　2009年〜2011年首都圏"待機児童"レポート」　2012年

れない」という厳しい現実が、数字で明確に表れていた。この調査は、首都圏（東京・神奈川・埼玉・千葉）に住み、２００９〜２０１１年４月の入所を目指して認可保育所に入所申請をした母親に対し、インターネットで行われたものである。

やや古いデータではあるが、現在は当時よりもさらに状況が悪化している可能性が高く、これはひとつの顕著なデータとして読み解くことができる。

この調査によれば、２０１０年４月に認可保育所に入所したのは、申請した家庭全体の半数以下のわずか47・２％に過ぎない。その１年前にも同じ調査が行われていたが２年つづけて同じ数字であった。２０１１年にはさらに減って37・５％。申し込んでも半分以下の人しか入れないということは、実際には入所倍率は２倍以上ということになる。

認可保育所に申請して入れなかった家庭が、その後、どのような行動をとったかという項目もある。入れなかった人のうち11・９％が「自治体の助成を受けている認可外保育所（東京都認証保育所など）」に預け、３・４％が「その他の認可外保育施設」に子どもを預けている。また、入所できないまま「どこにも預けていない」人もいて、入れなかった人のうちの33・５％がこれに当たる。３年間の同調査では「どこにも預けていない」人は減少し、その分、認可外施設に預ける人が増えていることがわかった。

では、「どこにも預けていない」人はどうしていたのか。そのうちの58・6％が「仕事、または再就職するのをやめ、自分で子どもの世話をすることにした」。また、24・1％は「自分または配偶者の育児休業を延長し、子どもの世話をすることにした」。9・9％が「祖父母・親戚に預かってもらうことにした」となっている。

3年間との比較では、「仕事、または再就職するのをやめ、自分で子どもの世話をすることにした」人の割合が56・1％から58・6％に推移。「その他」を選んだ人が、8・7％から5・9％に推移していることが目に付く。「その他」を選んだ人は、職場に子どもを同伴したり、在宅の仕事をしたり、一時保育を利用しているという。

この調査では、結果についての詳しい分析や考察は行われていない。

しかし、雇用環境や景気はますます悪化している。保育所に入れなかったからという理由で、母親が仕事を辞めることはできない。自分で子どもをみながら、あるいは保育所以外のさまざまなサービスを利用しながら、細々とでも仕事を続けていかざるを得ない人が増えたと考えられるのではないか。

保育所に入れても、入れなくても、仕事は辞められない。

それが、待機児童を抱える親たちの現実だ。なんという厳しさなのだろうか。

ポイント制の功罪

現在、多くの地域で、保育所入所のための「ポイント制」がとられている。

ポイント制がいつから採用されていたのかは明確ではないが、自治体ごとにかなり以前から「指数」的なものは作られていた。しかし、担当の職員には知らされていたとしても、表には出さないものだった。ポイント制を使って純粋に点数で振り分けてしまうと、個々の事情に鑑みることができなくなる。そこで、あえてポイント制を使わない、あるいはポイント制をとっていても、最終的な決定はポイントだけではしない、という自治体も多かった。

最初に表に出すようになったのは、私が知るかぎり東京都世田谷区であったと思う。ポイント制を始めた理由は議員などの「コネ」のようなものを排除するためだった、と聞いたことがある。待機児童が少なかった時代には、そういったコネ的な入所も行われていたのかもしれない。しかし、待機児童があふれるようになると、誰が入所できて、誰が入所できなかったのかが問題になる。同じくらいの条件でなぜ、入所できた子とできなかった子がいたのか、すぐにわかってしまうだろう。「公平性」を期すためにも、コネ入所などあってはならない。

そこで考えられたのがポイント制であった。

一般的なポイントは次のようなものになる。まず、両親それぞれにポイントがある。世田谷なら、父親、母親ともにフルタイム勤務であればそれぞれに50点、杉並なら20点というように、「素点」とも言うべきポイントが与えられる。両区の場合、もし、父親、母親どちらかがいないシングル世帯であれば、いない分の点数が最初からまるまる与えられる。

足立区内では、両親共働きフルタイムでの場合、両親それぞれが23点ずつで合計46点。さらに、2013年に改正されたが、それ以前には足立区の特別な加点として、私立保育所のみを希望すると5点プラスになる（だからみんなが私立保育所を希望することになっていた）というものがあった。認可保育所に入所する前に、2カ月以上にわたって、東京都認証保育所などの認可外に預けた実績があればプラス2点。というような加点もあった。

今や都市部では母親の多くが、自分のポイントをそらんじている。

「足立区ではわが家のポイントは55点」というような具合になる。

足立区だけではない。最近では、どこの市や区に行っても、

「○○保育所に入るには何点必要ですか？」

「少しでもポイントを多くするには、どうすれば？」

「去年、○○保育所では○点で入れたそうですが、今年はどうなるでしょうか？」

という切実な質問をされることが多い。さながら受験の偏差値のようだ。

親の就労時間や、入所を希望する子にきょうだいがいるかどうか、近くに祖父母がいるかどうか……などなど、さまざまな条件で細かく点数がつけられる。それを基に、優先順位を付けるシステムになっている。

２００９年に、全国保育団体連絡会が主催して行った「保育所ホットライン」。保育所に入れない親からの電話が殺到したが、そこにかかってきた電話の中に、「シングルだが保育所に入れず、困っている」という世田谷区の母親からの訴えがあった。世田谷では前述したように、両親がフルタイム勤務ならそれぞれ50点の持ち点がある。父親がいないとまるまる50点もらえるが、その母親はコンビニでアルバイトをしており、働く時間が短いため、50点よりも低い点数になってしまう。そして、離婚して実家に戻っているため、祖母と同居ということになって、ポイントが付かず、入所できなくなってしまった。もちろん「福祉の手が必要だ」ということをきちんと役所に訴えられれば、優先的に入所できたのかもしれないが、普通に役所に申請するだけでは、こういった大変な人でもなかなか入所できなくなってしまう。

ポイント制ではわかりやすい型にあてはめられて点数が付けられるため、個々の細かな事情を見るわけにいかない。本来は一個一個の事情を詳しく見ていかなければならないはずだが、多くの入所申請を抱えている役所では、申請者に点数を付けて、むしろ切っていかなければならない状態になっている。

本来、議員などによるコネ入所や、保護者間の不公平感をなくすために考え出されたポイント制だが、今ではまさに受験の偏差値のように、保育所入所の目安として使われている。誰もが当たり前に希望する保育所に入所できるようになれば、ポイント制など要らなくなるのだが……。

3歳の待機児童問題

保育所に入所できない待機児の年齢で、最も多いのは1歳児である。たとえば横浜市では、14年4月1日に待機児童としてカウントされた子ども（このカウント方法は前出の通りなので、かなり極端に絞られている）のうちの55％が1歳児である。

育児休業が普及したことで、育児休業があけて、1歳になった子どもたちが一気に入園申請してくることが増えた。ところが、0歳から子どもを預かっている保育所の多くは、1歳になってもO歳からそのまま持ち上がる子どもがほとんどで、1歳のときに新たに増える定員はわずか数人分しかない。0歳から入所させていれば少しは入りやすいのだが、1歳になると、少ない定員枠を巡って激戦になる。そこで育児休業を切り上げて0歳で入所させる人も少なくない。

そういった事態を避けるために、川崎市や横浜市などでは、あえて0歳児保育のない保育所を新設している。通称「ゼロ無し園」と呼ぶ。0歳の枠がなければ、1歳児クラスの定員数を、そのまままるまる受け入れることができるからだ。

東京都内など、待機児童の多い地域では、0~2歳の子どもは認可保育所への入所をあきらめ、認可外保育所に入所させたり、保育ママにお願いすることも増えてきた。

しかし、そういった施設に入所できたからといって、待機児童問題は終わらない。

0~2歳はなんとかなったが、今度は3歳のときにまた行き先を探さなければならなくなる。0~2歳の時期に預けていた保育所と、何か連携施設があるわけでもない。そのため最近では「3歳の待機児童」問題が出はじめている。

「認可外や、認可保育所の分園で2歳までのところに入れても、その後、行き先が決まっていないから、どこに預けられるのか本当に心配で。どこかに入れたからいい、という問題ではないんです」と、0歳児を抱えるある都内在住の母親は言った。

横浜市のデータを見ても、1歳児の次に待機児童が多いのは、実は3歳児だ。3歳児の待機児童問題は、じわじわと拡がり始めている。

3歳の子どもの預け先としては、保育所だけでなく幼稚園がある。幼稚園の中には人気が高いブランド幼稚園もあるが、経済的な問題を背景とした最近の保育所志向のせいで、定員に空きがあるところも多い。

また、東京都内などでは幼稚園入園奨励金などの助成金がかなり充実しているため、1カ月定額で3000円、あるいは5000円程度の月謝で幼稚園に通うことができる区もある。

幼稚園は毎日午後2時くらいまでの保育を行っているところが普通で、学校と同じく、夏休みや春休みなどの長期休暇がある。給食は必須ではないから、お弁当を持って行くところも多いし、給食があっても、外部搬入にしているところも少なくない。

しかし、現在では特に私立幼稚園の「預かり保育」を行っているところが9割以上に増えている。この幼稚園の「預かり保育」、保育所でいえば「延長保育」を利用して、仕事をしている人も多い。幼稚園側も、そういった働く親への理解が深まり、日中保育が必要な子どもを受け入れるようになってきている。朝は7時から、夕方は18時過ぎまで保育をする幼稚園も出てきている。東京都内には、夜20時30分まで子どもを預かっている幼稚園さえある。

ただし、幼稚園の預かり保育も、園によって格差が大きい。別に月謝を取って、連日違う習い事をするようなところもあれば、本来なら教室ではない場所を使って、本当に「ただ預かっているだけ」のところもある。もちろん、きちんと保育をしているところも多いのだが、預かり保育に来る子どもの数が少ない園では、どうしてもそこに力をかけることができなくなる。

「働いているお母さんは少ないので、うちの子がいつも最後。テレビを見せられて、アメのお菓子をなめさせられていたこともあって、ショックでした」という母親もいた。

0～2歳の枠を確保すれば、今度は3歳にしわ寄せが来る。それが待機児童解消の難しさなのだ。

第6章　「待機児童一揆」はなぜ起こる？

子育て界の「アラブの春」

２０１３年3月、子どもが保育所に入所できなかった首都圏の親たち、特に母親を中心としたグループが、相次いで集団で自治体に異議申し立てをする出来事があった。テレビや新聞はもちろん、インターネットなどさまざまなメディアを通して報道されたので、ご存じの方も多いだろう。

長年問題にされていたにもかかわらず解決できないまま放置されてきた待機児童の問題に、ついに保護者たちの堪忍袋の緒が切れたという感があった。「保育所一揆」「待機児童一揆」などとも表現されたが、まさに「一揆」という言葉がふさわしいムーブメントだった。

実は私自身、２００1年3月27日に、当時住んでいた神奈川県川崎市で「川崎の保育園に子どもを入れたい！親の会（通称：川崎待機児童親の会）」を結成したことがあった。当時はまだ携帯電話も普及していなかった時代。現役の保育園の保護者がつながることはできても、「待機児童」がどこにいるのかがわからず、つながることができなかった。結局、その活動は頓挫したという経験がある。

２０１３年の集団異議申し立てが実現した背景にはインターネットの普及がある。多くの人がパソコンやスマホ、携帯を通して気軽にツィッターなどのＳＮＳにアクセスし、情報を集めることができるようになったことが、活動の大きな機動力となった。知らない人同士が、呼びかけに応じて集まり、ひとつの大きな力になる。これはまるで「子育て界のアラブの春」とも呼べる動きだったと思う。

東京都杉並区の母親たちから始まったが、その下地を作ったのは足立区の母親たちだった。足立区には2年前から前出の「保育所つくってネットワーク」というグループがあり、待機児童解消を目指し、認可保育所の増設を求める活動を行っていた。ここからじわじわと活動が各地に拡がっていった。杉並区には「保育園ふやし隊@杉並」というグループができて、２０１３年3月の異議申し立ての中心となった。

この2区から始まった異議申し立ての波は、渋谷区、大田区、練馬区、目黒区（以上、東京都）、埼玉県さいたま市……などなど、多くの地域の親たちに波及した。もはや黙っていられないという、親たちの怒りが爆発した形だった。

杉並区の母親たちが怒りを爆発させたことには、明確な理由がある。２０１２年10月の段階で、足立区が発表していた待機児童数は４２９人。それに比べ、杉並区での待機児童数は63人、4月時点では52人と発表されていた。

「52人」という数字は、他区と比べると明らかに少ない。そこで、「杉並なら保育所に入れるかもしれない」という期待から「孟母三遷（故事成語で子どもの教育には環境を選ぶことが大切であるという教え）」よろしく引っ越してきた人がいることは十分に考えられる。首都圏では保育所に入りやすい地域を選んで住む場所を変える人も多い。「高級住宅街」のイメージが強い杉並区は子育て世代に人気がある。

しかし杉並区の親たちの「体感」は違っていた。多くの親たちが、子どもを保育所に全く入所させることができず、途方に暮れていた。のちに、保護者たちの調査でわかったのは、杉並区では、認可保育所に入れない子のうち、育休中だったり、認可外保育所に預けているなど、かなりの数が待機児童のカウントから除外されていた。認可保育所の入所申し込み時点で、「認可園に入れなかった場合は認可外保育所に預ける予定」という項目にチェックを入れただけで、実際に認可外に預けているかどうかは確認せず、自動的に待機児童から外されていることもわかった。

当時、杉並区の独自の定義で「待機児童」に相当するとされたのは、

①親族が見ていることども

②職場に連れて行っていることども

このどちらかだけだった。この２つの条件に当てはまる子どもは、いわゆる待機児童の中ではほとんどいないに等しいだろう。だから、杉並区の待機児童数はわずか52名だったのだ。

前出の横浜と並び、数字のマジックの極みである（ちなみに、この杉並区の待機児童の中身が暴露された後、東京新聞が東京都内各区の待機児童の定義について詳しく調査し、報道した。それによれば、杉並区よりももっと多くの条件を設けて、都内でいちばん待機児童の条件を厳しくしていたのは目黒区だった）。

２０１３年4月1日付けで、新年度からの保育所入所ができるかどうかの通知が保護者に配られ始めたのは2月下旬だった。

その頃、2月18日に、ついに怒り心頭に発した親たちが、杉並区役所前に集まり、マイクなどを通じて抗議行動を行った。

「うちの子を保育所に入れてください！」

「認可保育所をもっと作ってください！」

雪がちらつく中、赤ちゃんを抱っこした母親たちが、交代でマイクを手に訴えた。

そして22日には、保護者たちが保育所に入所できなかったことに対する初めての集団での「異議申し立て」を行った。「待機児童52名」という区の言い分と預け先が見つからないという親たちの体感のギャップに対する強い怒りが、その後、全部で3回にわたる集団での「異議申し立て」の原動力となった。

3回もの集団での異議申し立てを受け、ついに区は待機児童のカウント方法を見直すことを発表せざるを得なくなった。同時に、当初は「認証保育所や保育ママを増やして待機児童に対応する」と言っていたのを、「緊急対策案」なるものを区議会に提示することになった。翌2014年4月までに、認可保育所で666人、認可外保育所で169人の定員増を目指すことを保護者たちに約束した。

異議申し立てには、確実に自治体を動かす力がある。

神奈川県に住む2歳児がいる私の友人は、同じく13年4月の認可保育所入所で、1次選考でもれてしまった。役所に異議申し立てに行ってみては? とアドバイスし、実際に申し立てたところ、無事、2次選考で認可保育所に入所することができた。

今の親たちは「権利意識」が強い。一方で「つながること」が苦手で、なかなか仲間を作ったり一緒に活動したりすることができない世代だとも言われている。確かにこれまであまり声をあげることはなかったが、もはや我慢の限界を超えて「これはもうダメだ！」と声をあげたのだろうと分析する。

実は、以前から不承諾通知がきても「騒げば入れる」「騒げば騒ぐほど入れる」ということは、まことしやかに保護者の間で語り継がれてきた。それはある意味本当だ。

異議申し立てには、大きなインパクトがあるからだ。

異議申し立てのすすめ

異議申し立てはそれほど難しいものではない。

仰々しいイメージがあるが、提出書類は簡単だ。Ａ４判１～２枚に、申し立て人（保護者）の氏名、子どもの名前と年齢、異議申し立てをする内容（保育所に入れないこと）、そして、いつその内容について知ったかという日付、異議申し立ての趣旨として「入所不承諾を取り消す」ことを明記し、さらには、なぜ異議申し立てをしたのか、その理由について記せばよいだけだ。

「保育園ふやし隊＠杉並」のメンバーが用意した異議申立書は、ホームページの中にも収めてあり、誰でもがダウンロードして利用できるようになっている。杉並区長あてに、申立者の氏名を書いて、印鑑を押して提出するもので、様式はきわめてシンプルだ。

保育所入所不承諾に対する異議申し立ては、「行政不服審査法」によって不承諾を受けた保護者に認められた正当な権利なのだ。自治体によっては訴える相手が首長でない場合もあり、「異議申し立て」ではなく「審査請求」という形になる。申し立てを誰あてにするかは自治体がきちんと保護者に説明しなければならないので、事前にわからなくても問題ない。

「保育園ふやし隊@杉並」のホームページにある異議申立書には、申し立てをする理由や法的な根拠について、詳しく述べた「別紙」がついている。

そこにはこう書いてある。

異議申立ての理由（傍線は筆者による）

1　私の子どもが認可保育所に入所不承諾となったことは、認可保育所に入所承諾となった他の子どもとの関係で合理的理由なく差別的取扱いをするものとして憲法第14条第1項の平等原則違反です。また、私の子どもが保育に欠ける子どもであるにもかかわらず、認可保育所に入所不承諾としたことは、保育所において保育をしなければならないという市区町村の実施義務に反するものとして児童福祉法第24条第１項本文違反です。

もし、憲法第14条第１項違反ではないとされるのであれば、認可保育所に入所不承諾となった私の子どもと、入所承諾となった他の子どもとの間で、差別的取扱いをすることが合理的に許される理由を具体的に説明してください。

また、児童福祉法第24条第１項本文違反ではないとされるのであれば、保育に欠ける子どもについて保育所において保育をしなければならないという実施義務を果たさなくともよい理由を、法令上の根拠や最高裁判所の判例などを示して具体的に説明してください。

２　私の子どもが認可保育所に入所不承諾となったことについては、「やむを得ない事由」（児童福祉法第24条第１項但書）はありません。また、私の子どもは、認可保育所よりも保育の質が低い認可外保育施設における保育しか受けられておらず、しかも、その保育を受けるについて杉並区から何らの積極的な保護も受けていませんから、私の子どもは、「適切な保護」（同項但書）を受けていません。その意味で、杉並区が私の子どもを認可保育所に入所不承諾としたことは、児童福祉法第24条第１項但書違反です。

もし、児童福祉法第24条第１項但書違反ではないとされるのであれば、どのような「やむを得ない事由」があるか、また、杉並区が私の子どもに対していかなる「適切な保護」をしているのか、具体的に説明してください。特に、

1　杉並区が行っているという「保護」たる保育（例えば保育室などの認可外保育施設における保育）が認可保育所と同等の保育の質を保っているのかを説明してください。

2　杉並区が行っている「保護」が積極的な「保護」といえるかどうかにつき、見解を示してください。

3　保育室を退所する3歳児以降の保育について、区ではどのような「適切な保護」たる保育を考えているのかを説明してください。例えば、確保先の具体的施設・事業の一覧とそれによって保育が確保される子どもの人数、それら確保先の保育の内容（人員配置や子ども一人当たりの面積など）を示してください。

3　私の子どもが認可保育所に入所不承諾となった理由について、憲法第14条第1項違反ではなく、児童福祉法第24条1項本文もしくは同項但書違反でもないと言える具体的理由が存在しなければならないことはもとより、そのような具体的理由が入所不承諾処分決定

書に書かれていなければ、行政の恣意的処分を抑制することができませんし、不服申立てをするにも、理由が分からなければ困ってしまいます。この点、行政手続法は、行政の恣意的処分を抑制し、不服申立ての便宜を図るために、不利益処分については具体的理由を記載するよう定めています（最高裁判所判例に同旨）。ところが、そのような具体的理由は、私の子どもの入所不承諾処分決定書のどこを読んでも書かれていません。これは、行政手続法違反です。

もし、行政手続法違反ではないとされるのであれば、憲法第14条第1項違反ではなく、児童福祉法第24条1項本文もしくは同項但書違反でもないと言える具体的理由を、また私の子どもの入所不承諾処分決定書に書かなくともよい理由を、法令上の根拠や最高裁判所の判例などを示して具体的に説明してください。

（後略）

※保育園ふやし隊@杉並公式ブログより http://fuyashitai.blog.shinobi.jp/

実はこの「別紙」に書かれている内容には、待機児童解消につながる大きな示唆が込められている。この別紙の中身を読み解くためには、まず保育所の設置に関する根拠法について知る必要がある。

保育所の設置義務

保育所は、児童福祉法に基づいて運営されている。

保育所の入所に関しては、「第二章　福祉の保障　第三節　助産施設、母子生活支援施設及び保育所への入所」というところに書かれている。

第二十四条　（傍線は筆者による）

① 市町村は、保護者の労働又は疾病その他の政令で定める基準に従い条例で定める事由により、その監護すべき乳児、幼児又は第三十九条第二項に規定する児童の保育に欠けるところがある場合において、保護者から申込みがあつたときは、それらの児童を保育所において保育しなければならない。ただし、保育に対する需要の増大、児童の数の減少等やむを得ない事由があるときは、家庭的保育事業による保育を行うことその他の適切な保護をしなければならない。

② 前項に規定する児童について保育所における保育を行うことを希望する保護者は、

厚生労働省令の定めるところにより、入所を希望する保育所その他厚生労働省令の定める事項を記載した申込書を市町村に提出しなければならない。この場合において、保育所は、厚生労働省令の定めるところにより、当該保護者の依頼を受けて、当該申込書の提出を代わって行うことができる。
③　市町村は、一の保育所について、当該保育所への入所を希望する旨を記載した前項の申込書に係る児童のすべてが入所する場合には当該保育所における適切な保育を行うことが困難となることその他のやむを得ない事由がある場合においては、当該保育所に入所する児童を公正な方法で選考することができる。

保育所の入所に関して、もし入所できなかった場合に異議申し立てができる根拠となり、同時に、自治体が「待機児童」の数をカウントして厚生労働省に提出しなければならない根拠となっているのは、①にある「児童福祉法第二十四条一項目」があるからである。

第一項を読んでほしい。まず、主語は、「市町村は」となっている。

これをわかりやすく書き直すと、「市町村は、保護者が働いていたり、病気だったり、あるいは、何か市町村が条例で決めた理由に基づいて、子どもが『保育に欠ける』、つまり保育を受けることが必要な状態にあって、その保護者から申し込みがあったときには、それらの子どもを保育所において保育しなければならない」という意味になる。

つまり、保護者が「うちの子には保育が必要な状態なので、保育所に入れてください」と市町村に申し込んだときには、市町村はその子どもたちを「保育所で保育しなければならない」と決まっているのである。これは揺るぎようのない、法律で定められた根拠なのだが、「条例」による抜け道がある。

そして、この第一項には「ただし書き」と言われるものが付いている。それが以下の部分だ。

「ただし、保育に対する需要の増大、児童の数の減少等やむを得ない事由があるときは、家庭的保育事業による保育を行うことその他の適切な保護をしなければならない」

これは、待機児童が増えてから新たに付け加えられたもので、通称「児童福祉法第二十四条ただし書き」、あるいは「ただし書き」などと呼ばれている。「保育所に入りたい子どもが増えたり、逆に子どもの数が減るなどのやむを得ない理由がある場合」に限って、

「保育ママなどによる保育などで、その子どもを適切に保護しなければならない」とされている。この「ただし書き」が付け加えられたことで、ある意味、待機児童の存在が法的に正当化されてしまっているようにも思える。

保育所入所について争った裁判もいくつかある。

最も有名なのは、1998年、大阪府東大阪市で8組の父母が、東大阪市を相手取って「保育所入所保留処分の取消しを求める行政訴訟」を起こした裁判だ。翌00年には原告の父母が養育する子ども全員が保育所に入所したため、損害賠償請求へと変更された。

判決では、「保育所入所保留処分が児童福祉法二十四条に違反する」という原告らの主張は認められなかった。しかし、入所保留という行政処分において手続き上の違法性があったとして、国家賠償法一条一項に基づき、原告らに1人あたり15万円の支払いを命じた。

保育所をめぐる裁判が難しいのは、原告らの状況がすぐに変わってしまう、ということにある。横浜市で、公立保育所の民営化をめぐる裁判があったが、裁判が長期化するなかで、原告の子どもたちは次々と保育所を卒業し、裁判の対象とならなくなったことで、裁判も終了した。

ふりかえって東大阪市の裁判について考察すると、もし、原告の子どもたちがずっと保育所に入所できていなかったならどうなったのだろう。もしかすると、判決は変わっていたのではないだろうか。

児童福祉法二十四条に「市町村に保育の実施義務がある」とされていることを盾に取り、異議申し立てをすると、ほとんどの場合、なぜかどこかの保育所に入れてしまう。だから裁判を起こしてもなかなか継続しない。

市町村からすれば、裁判を起こすような面倒な親の子どもはサッサと入所させてしまったほうがいいとも言える。裁判の一歩前、「異議申し立て」をすると、入所できることが多いのは、やはり本来、児童福祉法二十四条に「市町村に保育の実施義務がある」としているからだと考えられる。

東大阪市の裁判では、判決の中で、

「保育に欠ける児童ら全員が入所することができるよう保育所を整備する政治的責任があるものと解される」とした。

しかし同時に、「児童福祉法第一条と第二条（児童福祉法第一条　すべて国民は、児童が心身ともに健やかに生まれ、且つ、育成されるよう努めなければならない。②すべて児童は、ひとしくその生活を保障され、愛護されなければならない。第二条　国及び地方公共団体は、児童の保護者とともに、児童を心身ともに健やかに育成する責任を負う）では、それを超えて市町村に対し保育所の設置に向けた特定の具体的な行為を行うことを義務づけた規定であるとまでは解することができず、その他、市町村に対して保育所を設置することを義務づける規定はないから、市町村は保育所の整備を行って定員を確保する法的義務を負っているとの主張はその前提を欠く」とした（小島、２００３）。

「政治的責任において、本当に保育所を設置することを義務づけることができる法律」が、待機児童をなくすためには必要だということだ。それが児童福祉法二十四条だといえるが、抜け穴だらけの上、このように裁判を申し立てた人から順に保育所に入所させてしまうことが多いため、真の政治的責任を問いかけるところまで、たどり着いていない。

それでは、これならどうだろう。

今は、一部の人しか異議申し立てをしていないが、認可保育所に入れなかった人が全員、異議申し立てをするようになったら、市町村はどうするのだろうか。全員を入所させなければならなくなるのではないか。

「保育を受ける権利」という発想

つまり、日本の保育所に関する法律には、子どもが「保育を受ける権利」、あるいは親が「わが子に保育を与える義務」というような、権利としての保育所入所を裏付ける法的な根拠が何もないのだ。それがあれば、絶対に入所させなければならなくなる、法的な拘束力のある根拠が、日本には全くない。

ひるがえって、義務教育について考えてみよう。

冒頭で取り上げた「小学校に入れない子はいないのに、なぜ保育所に入れない子どもがいるのでしょうか？」という疑問を解く鍵がそこにある。

小学校で学ぶことは、子どもの権利である。それは「義務教育」として、憲法で保障されている。その上で学校教育法など、教育に関する法律があって、子どもたちは権利として、きちんと「教育」を受けられるように守られている。日本の子どもたちは、子どもたち自身に学ぶ権利がある。

だから、都心で大規模マンションが一気に建って、学区の子どもの数が急激に増えた場合にも、その自治体はどんな手を使ってでも、それらの子どもたちが全員小学校に入れるように手を尽くさなければならない。法律によってきちんと権利保障されているから、

「小学校の待機児童」を作り出すことは許されないのだ。

しかし、保育所や幼稚園など、日本の就学前の子どもたちには、何らかの保育を受ける「権利」がいっさいない。憲法はもちろん、法律にも、そういったものはどこにも記されていない。子どもたちの親が、自己責任で保育所や幼稚園に入れるだけだ。

実は、私もいくつかの自治体の担当者に「小学校に入れない子はいないのに、なぜ保育所に入れない子がいるのでしょう？」と尋ねてみたことがある。

帰ってきた答えはおおむね「子どもの数の増減とか、人口の増減とか、読めないのです」というようなものだった。

「読めるとか読めないとかいうことではなく、生まれた人の数だけ作ればいいだけではないでしょうか？」と言うと、「いや、それは……」と言葉を濁されてしまう。

そこで、こう考えたらどうだろう。

もし、子どもたちには「保育を受ける権利」があり、親が子どものためにその権利を行使しようとしたら、自治体や国には必ず子どもたちに保育を受けさせる義務がある、ということが、法律に記されたらどうなるだろう。それがきちんと法律に書かれていれば、待機児童を作り出すことは、小学校同様、許されなくなるはずだ。

ドイツの待機児童問題

ドイツは日本同様、「子どもは家庭で育てるもの」というコンサバティブな考え方に支配され続けている国だ。特に旧西ドイツ地域ではその傾向が強く、保育整備が遅れているという。逆に、旧東ドイツ地域は社会主義時代に整備されたため、保育の整備も進んでいる。ドイツ全体では他のEU諸国に比べて、保育整備や施策が取り立てて進んでいるわけではない。

そんなドイツには、1996年に改正された「児童・青少年扶助法」という法律がある。この法律に基づき、3歳以上6歳未満のすべての子どもに幼稚園（Kindergarten）や全日制保育施設（Kindertagesstatte;KITA、保育所や学童まであわせた複合的な保育施設）に入る権利が認められ、保障されていた。この法律が2013年8月に改正され、それまでは3歳以上だった「保育所に居場所を得る権利（保育請求権）」が1歳からに拡大された。

その結果、0〜3歳の子どもを対象にしている保育所（Krippe）やKITAが足りない、ということになった。ドイツでも待機児童が大きな問題になった。2013年9月頃、ドイツの保育者に聞いたところ、保育施設の充足率は7〜8割というところだと言っていた。

しかし、「権利としての保育」として求められたら、それを拒むわけにはいかない。保育施設の整備を進めるしかない。２０１４年3月1日、ＮＨＫニュースが「ドイツ　待機児童ゼロの目標達成」を報じた。「権利」という後ろ盾があれば、待機児童は解消しなくてはならないものになるのではないか。

このニュースの中で、ひとつ気になる部分があった。

「ドイツ西部のノイス市では、貨物用のコンテナを保育所に転用し、施設の開設にかかる時間を三分の一に短縮した」という部分だ。

環境に神経を配るドイツ人が、果たして貨物用のコンテナを、子どもの施設として使うことなどあるのだろうか？

疑問が生じ、インターネットや、ドイツ事情に詳しい人やドイツに住む人などに尋ねるなどして調べてみると、確かに「コンテナ」を保育施設に転用しているのは事実のようだった。「Container-KITA」（コンテナ保育所）と名付けられた施設の画像もたくさん見つけることができた。

しかし、「コンテナ」といっても、私たち日本人が思い描くような「コンテナ」ではなかった。形こそ「コンテナ」ではあるが、きちんと子どもたちが生活するのにふさわしい子ども用の用具や家具を入れ、色やマテリアルも、子どもたちにとってよいものを選んでいるようだった。中には木製の「コンテナ」さえもあった。

そして、置く場所も、広い公園の中など、自然がたくさんある場所が選ばれていた。日本で電車の高架下にプレハブ的な建物を入れただけの保育所をいくつか見てきた私の目には、ドイツのContainer-KITAは、とても「コンテナ」という言葉では語れないものだった。

手軽に利用できる「コンテナ」を使うことで、建設にかかる時間は短くなるだろうし、費用もかなり抑えられるはずだ。しかし、それでもきちんと整備した上で、あくまでも「暫定措置」に過ぎない扱いにしている。

「子どもが保育を受ける権利」「子どもが保育所に居場所を得る権利」というように「権利」として展開されるからこそ、そこが「子どもが過ごすにふさわしい場所であるかどうか」が重要になってくる。

「子どもの権利」としての保障がないから、日本の保育所は待機児童がいっぱいなだけでなく、もし入れたとしても劣悪な環境であることがある。そして、それでも誰も何も言えない状態になっているのだ。第1章で触れた「横浜方式」のような、ただ量を確保するためのイージーな保育施設が、ドイツで許されるとは思えない。

第7章　保育士不足と待機児童

保育士が足りない

ここ数年、保育所の園長先生と話すときに必ずといっていいほど話題になるのが、「保育士のなり手がない。保育士が集まらない」という問題だ。

保育士が足りないことで、新しい保育所を開くことができず、待機児童解消のネックになっている、とも言われている。

資格を持っていても働いていない人も多いし、保育士養成校に行って資格を取得したにもかかわらず、保育士として就職しない人も大勢いる。保育士養成校を卒業した人のうち、保育所などに就職した人は51・2%（2011年）と低い。彼らを「潜在保育士」という。

2011年に厚生労働省が民間企業に依託して行った「潜在保育士実態調査」によれば、「潜在保育士」の数は、「57万人とも言われている」とある。また、2013年4月19日の「成長戦略スピーチ」の中では安倍総理自らが「保育士の資格を持つ人は、全国で113万人。しかし、実際に勤務している方は、38万人ぐらいしかいません。7割近い方々が、結婚や出産などを機に、第一線から退き、その後戻ってきていません」と語っている。

潜在保育士が大勢生まれる原因は何なのだろうか。

保護者にとっては、保育所は毎日の生活を支えてくれる、最も重要な場所だ。その保育所で働く保育士の多くは女性、特に母親である。

男性保育士も少しずつ増えてきてはいるものの、２０１０年の国勢調査では保育士全体の約２・５％に過ぎず、女性がほとんどを占める職場だ。にもかかわらず、保育所は、子どもを育てながら働きやすいとは言えない厳しい現状がある。

「保育士不足」を解決するためには、保育士が子どもを育てながら働き続けられるようにすることが必要だ。保育士の数が安定的に確保されなければ、待機児童解消は難しい。

前出の「潜在保育士実態調査」によれば、20～60代以上の「保育士を辞めた理由」としては、「家庭との両立が難しい」(25・６％)、「近い将来結婚、出産などを控えている」(18・６％)、「自身の健康・体力」(17・８％)という結果が出ている。

働き続けられない女性保育士

なぜ、保育士が子どもを育てながら働くことが難しいのか、実際に子どもを育てながら働いている女性保育士に聞いてみた。

関西地方で働く保育士Ｃさんは、４人の子どもを育てながら、現在は私立保育所のパート保育士として働いている。4人目の子どもが生まれるまでは、公立保育所の正規の保育士だった。保育士の勤務時間はシフトになっている。勤務先の公立保育所への通勤には1時間ほどかかっていた。朝9時からの平常勤務でも朝7時10分、7時20分からの早出勤務の日には、6時前には家を出なければならなかった。夜の遅番勤務の日には20時まで必ず保育所にいるから、帰宅するのは21時を過ぎてしまう。

「子どもたちはおばあちゃんに預けっぱなし。朝食も夕食も、おばあちゃんと食べるのが当たり前になっていました。ときどきおばあちゃんが子どもたちに食べさせているものをみて、『えっ!? そんなもの食べさせてるの!?』とビックリすることがあっても、忙しくて自分ではできない。保育士として、子どもの食事の大切さや、栄養のことも勉強しているのに、自分の子どもにごはんをちゃんと作れないなんて……。ほんとうに辛かったです」

4人とも「予期せぬ妊娠」だった。4人目を妊娠したときには、本気で中絶することを考えたという。

「非正規の職員が増え、正規の職員が休むのは大変な状態になっていました。子どもを育てる仕事なのに、周囲に迷惑をかけてしまうから、自分の妊娠を喜べない。産婦人科の前で1時間くらい悩んだのですが、あきらめきれませんでした。意を決して職場で妊娠したことを告げると『また!?』と言われてしまいました。ショックでしたが、職場もそう言わざるを得ない状況なんです」

そんな中、頼みの綱のおばあちゃんが病気になった。

保育士として働き続けるなら、給与も平均より高く、安定している公立保育所がいちばん条件がいい。「生涯賃金を考えても辞めたくなかった」が、退職せざるを得なかった。

4人目が1歳になったときに、家から自転車で10分程度のところにある私立認可保育所に、半日勤務のパートタイム保育士として再就職した。

「収入は以前の3分の1に減りました。でも以前のように家に仕事を持ち帰ったり、家にいるときにも『明日はどうしよう!?』と仕事のことを考え続ける必要はなくなりました。食事を作り、きちんと『お母さん』もできる。精神的にはずっと楽になりました。保育士は子ども一人ひとりをみて、この子にこんな力をつけてあげたい、それにはどうすればいいかと考えています。人員が足りない中できちんとそれらをやろうとすると、時間が足りません。みんなそれで燃え尽きるのです」

保育所の園長などの経営者側からは逆に「最近は正規の職員のなり手が本当にいない。正規の職員になってほしいと頼んでも、パートでいい、と言われてしまう。責任のない仕事のほうが楽だという感覚があるのでしょうね」という話を聞く。しかし、Cさんのような話を聞くと、保育士の仕事の責任がいかに重いかがわかる。真面目に職務をまっとうしようとする保育士の中に、その責任の重さを背負い、家庭との両立ができなくなる人が出てくるのは理解できる。

千葉県に住む元保育士のDさんは、短大を卒業後、企業の保育所で2年間働いた後、結婚を機に退職した。子育てをしながら働くのは難しいだろうと考えたからだ。Dさんが働いていた保育所では、残業が当たり前で、残業手当がつかないことがほとんどだった、という。その保育所での保育士の『仕事』は、子どもをみることだけだったのだ。そのために保育の記録などの必要な書類を作成する事務的な仕事は持ち帰りになることが恒常化していた。

実は、あまり知られていないが、保育士の仕事のかなりを占めるのが「記録」を作成することだ。

その日行った保育の内容について記しておく「日誌」や、各週、各月ごとの保育について計画を立てておく「週案」「月案」など、保育所では必ず作らなければならない書類がたくさんある。それらの作成のほか、子どもたちが保育時間の中で行う制作活動の準備などもある。Dさんの働いていた保育所では、勤務に必要なそういった準備も含め、すべて、勤務時間外に行わなければならなかった。休憩も満足に取れず、昼食も子どもと一緒に「流し込むように食べていた」というDさん。余裕のない保育現場では、子育てと仕事の両立は難しい。そこで働くうちに、自分の子どもが生まれたら、仕事を辞めて自分の手で育てたい、という思いが強くなっていた。

「働く親を支えるのが保育士なのに、自分が働く母親になれないなんて、変ですよね」とDさんは言っていた。

都市部の多くの認可保育所では現在、朝７時～夜20時の13時間開所するところが増えてきている。本来、認可保育所では11時間開所が原則だが、東京都が独自に助成する東京都認証保育所では13時間開所が義務づけられており、都内では認可保育所も13時間開所のところが増えてきた。親の勤務も長時間化し、ほとんどの子どもが10時間は保育所にいる状態になってきている。職員の労働時間が８時間なのに開所は13時間。職員のシフトは細かくなり、10段階のシフトを組んでいる保育所も普通になっている。

保育士が働く８時間には、教材を用意したり、活動の準備をしたり、子どもたちの様子を記録したり、日々進歩する保育の研究に充てる時間も必要である。しかし、その時間は今はきちんと保障されていない。幼稚園の先生たちは、子どもたちが帰った後に研修ができるが、保育士たちには毎日夜まで保育がある。だから保育所の研修は、どうしても夜、子どもたちを帰した後か、休日にすることになってしまいがちだ。子どもがいる女性には、厳しい労働環境だ。

ハイリスクで低賃金

もうひとつ、保育士は国家資格で、一度取得すればずっと仕事ができるはずなのに、潜在保育士が多いのは、給与が安いことだ。ハードワークな上、子どもの命と直結するリスクも高い仕事なのに、賃金がそれに見合わない。

子どものいる女性保育士のみならず、男性保育士にも厳しい仕事だ。男性保育士の中には「寿退職」をする人も少なくない。

ある大手企業保育所では、新卒の保育士の手取りは16万円あるかどうかという程度で、30歳を過ぎても手取り18万円程度。そこで働く男性保育士から家族ができると不安になり、せっかく資格を持っているのに保育士を辞める選択をせざるを得ない、という話を聞いた。社会福祉法人の保育所でも状況は決してよくない。ある私立保育所のベテラン保育士は、

「年長者から給与を減らしていかないと、若い人たちにお給料を支払えない。キャリアを積んでも見返りがあるどころか、給与は頭打ち。それがわかっているから、若い人にがんばってと言いづらい」と話す。

認可外保育所ではさらに条件が悪くなるところもある。

「他の園から『廃棄物』になった備品をもらって運営しているような状態。税や手当て込みの初任給が14万円くらいから保育士を募集しています。それでも運営は厳しい」と、ある認可外保育所の経営者から聞いた。

２０１３年５月、厚生労働省の雇用安定・児童家庭局と職業安定局（ハローワーク）が共同で行った調査がある。ハローワークで保育士資格を持ちながら保育士としての就職を希望しない人にアンケートを行ったのだ。９５８名の回答者のうち、「賃金が希望と合わない」47・５％、がトップ。「責任の重さ・事故への不安」40・０％、「健康・体力への不安」39・１％も多い（複数回答）。

子育てはもちろん、人生の経験を積んだ、ベテランの女性、男性の保育士が大勢働いていたら、保護者は心強い。そんな環境を整えるには、法人の努力だけでは無理だ。自治体にも限界がある。国が財政面でも本腰を入れてバックアップする必要がある。

2017年度末に不足するだろうと予想されている保育の数は約7万4000人と推定されている。保育士不足を解消するためには何より処遇改善が大前提なのに、財源は少なく、この問題に対する法整備もない。かけ声ばかりで中身が伴っていない。

保育士「資格」不要論の罠

現在、0~2歳までの赤ちゃんのケアをすることができる国家資格は、唯一、「保育士」資格だけである。0~2歳までの赤ちゃんの待機児童が最も多いが、この年代にはもっとも手厚いケアが必要なので、保育士の配置基準も、3~5歳以上に比べれば相当手厚いものとなっている。

たとえば0歳の赤ちゃんは、保育士1人につき3人までしかみられない。だから0歳の赤ちゃんをたくさん預かろうとすれば、必ず赤ちゃん3人に1人分の保育士が必要になってくる。

以前、猪瀬直樹前東京都知事は「この基準を緩和して1人で5人までみればいいのではないか」ということをしきりに何度も繰り返していた。ご自身にもお子さんがいるはずなのに、あまり熱心にお世話をしたことがなかった方なのかもしれない。

私には双子の男の子がいるが、0歳の間はハッキリ言って毎日、地獄のような日々だった。授乳、ねんね、だっこにおんぶ、お散歩、お風呂……と、すべてのお世話を2人分こなすのが、どれほど大変だったことか。おんぶに抱っこで前後に10kg近い赤ちゃんをくくりつけ階段の上り下りをするしんどさがどれほどのものか……。もはや口では表現できない。保育士は、プロだからこそかろうじて3人の0歳児のケアができるだけなのである。

万が一、災害が起きたときには、保育士は赤ちゃんを抱っこしたりおんぶしたりして避難しなければならない。3・11の東日本大震災の後、被災地の保育士さんたちに取材をしたときに、みなさんが口々に言っていたのは「午後の時間でお迎えに来てくれた人や、助けてくれた近隣の人も多かったから、なんとか津波から逃げられたけれど、最低基準通りの人数の子どもがいたら、とてもじゃないけれど、全員を助けることはできなかったと思う」ということだ。

繰り返すが、保育士はプロだからこそ、かろうじて1人で3人の0歳児のケアをすることができるだけなのだ。

もっと大変なのは1歳児だ。1歳児クラスの子どもには上手に歩ける子もいれば、まだよちよち歩きの子もいる。イヤイヤなどの自己主張が出てくる時期だが、言葉も子どもによってかなり発達の度合いが違う。体重は10kg以上ある。最低基準では保育士1人につき1歳児は6人までとなっている。もしかすると、動きの少ない0歳児3人のほうがまだ楽かもしれない。1人で6人をどうやってかかえて避難しろというのか。

ところが、世の中的には保育士不足を理由に、保育士の資格を緩和しようという動きがある。主に子育て経験のある主婦に研修を受けさせて「准保育士」や「家庭福祉員」「育児支援員」という名称を与え、子どもの世話をさせようという議論が活発になってきている。子どものことなど考えていない財界主導の意見であることはみえみえだ。

待機児童解消のために、とにかくあらゆるリソースを活用しようという気持ちはわかるのだが、保育事故を多く取材してきた者としては、受け入れがたい。最近増えている保育事故の中には、民間資格の「チャイルドマインダー」を名乗る「無資格者」によるものが多い。0歳児14人を1人あたり2000円という破格の料金でみていて、預かった子どもが亡くなったことに、その母親が気づくまで気づかなかった保育者もいる。実際にはただ「見て」いただけなのか、それとも見ることすらしなかったのかもしれない。(「保育士」ではなく「保育者」と書く場合には、あえて無資格者のことを指していることが多いので、記事などを読む場合には留意してほしい)。

「密室保育」の現場

ちなみに、無資格でも簡単な研修を受ければ、「保育ママ」として子どもを預かることができる。「保育ママ」は「家庭福祉員」として児童福祉法にも定められている制度で、自治体が研修を行った上で登録される。民間の団体で行っているところもあり、「保育ママ」という名称そのものは厳密に定められているとは言えない。

私自身もかつて保育ママさんにお世話になったことがある。とてもいい方にめぐり会い、お願いできればありがたいことはよく知っている。資格がなくてもいい保育をしてくださる方がいることはわかっている。

しかし、どうしても、諸手を挙げて賛成できないことがある。

取材をする側として、密室での虐待現場を見てしまったことがあるからだ。

それは、ある民間の保育ママさんだった。その本部から「とてもいい人です」と紹介されて取材に行った家だった。

たまたま、その家の子どもが通っている幼稚園が、近隣では人気のある、お受験などもする幼稚園だった。その幼稚園に通う子がいる家にわが子を預けて、その子と一緒に幼稚園に行かせたい、と希望している医師の夫婦が、３歳の子どもをその家に預けていた。

その子は朝７時頃から夜は20時くらいまで、１日のほとんどをその家で過ごすような状態になっていた。毎朝７時前に、自宅で両親と食事をしたあと、その子はその家に連れて来られる。家の人たちが朝ご飯を食べている間、その子はもう家で食べてきたからと、別の部屋で待っているという。

その後、９時頃に幼稚園の園バスに乗って登園し、昼は幼稚園で過ごし、14時過ぎになると園バスにゆられ、その保育ママの家に帰ってくる。夕方から夜までそこで過ごすが、夕食は、両親が家で一緒に食べたいからということで、その家の家族が夕食をとっている間にも、その子は別の部屋で待っているのだという。それが１日のスケジュールだった。夜20時頃に親が迎えに来て、その子は帰宅する。

私が取材に訪れたのは、15時頃、おやつの時間の頃だった。

ひと通り保育ママさんに取材をした後で不思議に思ったのは、その家のお子さんは幼稚園から帰ってきて元気に遊んでいるのに、預かっているお子さんの姿が見えなかったことだ。どうしたのかな？　と不思議に思い、保育ママさんに聞いてみた。

「預かっているお子さんはどちらにいらっしゃるのですか？」

保育ママさんの答えは意外なものだった。

「お昼寝しています。なかなか起きてこないんですよ、あの子」

保育ママさんが指さしたふすまの向こうの和室に、その子が寝ているという。そこでふすまをあけて様子をのぞいてみたのだが、確かに子どもが、横になっている。しかし、次の瞬間、パッとこちらを見た子どもと、バッチリ目が合ってしまったのだ。

つまりその子は、ずっとお昼寝をしてしまっていたのではなく、目をさましているのに起きてこられなかったのだ。

預かっている保育ママさんは、取材中にもその子の「悪口」をたくさん言っていた。

「3歳なのに、まだおむつがとれていないんですよ」

「3歳なのに言葉が遅くてね」

「あまりお話をしないんです」

……など、その子についての話をひとしきり。さらに、

「ご両親はお医者さまで教育熱心な方たちなんですけどねぇ」

と、批判的な物言いが、時には両親にまで及ぶ。

初めて会った「取材者」である私にもこんなことを言うのだから、きっと常に彼女は家

のなかでそういうことを口にし、あるいは態度で示していたに違いない。私は彼女の話を聞きながら「これではあの子が起きてこられなくて当たり前だ」と思った。起きてきて楽しく過ごせるような環境ではなかったからだ。

両親はこのことを知っているのだろうか？　大切なわが子が、良かれと思って預けた家で、こんなふうにぞんざいに扱われ、半ば厄介者のように言われ、自分の子どもと差別されている。

いくらいい幼稚園に通うのが目的だとしても、その子にとってメリットがあるものだろうか？　この家で過ごして通うほどの価値がその幼稚園にあるのだろうか？　そもそも幼稚園にきちんと相談したのだろうか？

遅れを取り戻し、子どもらしい表情を取り戻せるように、むしろ療育を受けながら保育所に通ったほうがいいのではないだろうか？　そこまで、保育所にスティグマがあるのだろうか……？

私自身、自分の子どもを同じ民間団体の保育ママさんに預けていた経験があるので、ショックが大きく、すぐさま事実を受け入れることができなかった。

取材が終わった後、同行していた女性編集者が「ひどすぎる。こんなの記事にできない。

あの子の親に教えてあげられないだろうか？」と怒りをあらわにした。彼女にも子どもがいて、保育所に預けながら仕事を続けていた。

子どもを家に置いて、そんなふうにぞんざいに扱うだけの保育ママにも、決して安くはない報酬が与えられる。お金のために働くのはもちろん誰でも当たり前のことだ。しかし、報酬を得るのは、ただ子どもを家に置いておいたことに対してではないはずだ。やはり、子どもの発達と権利を守ってほしい。家でただ子どもを預かるだけでは「保育」とは言えないだろう。

結局、その女性編集者が「これは記事にできない」と掲載を断った。

取材をして記事にしないことは、ないわけではないが、こういった形で掲載を断った経験はこのときしかない。私は、後にも先にもこれほど後味の悪い取材はしたことがない。そして、このことをこれまで書いたことがなかった。

あのとき目が合ってしまったあの子は、あれからもずっとあの家に預けられていたのだろうかと思うと胸が痛い。外からは「いい人」と言われているからといって、その人がきちんと「保育」をできるかどうかはわからない。「密室」で、きちんと勉強をした「プロ」ではない人に子どもを任せるのは、危険なこともあると感じた経験だった。

「保育士」という資格には、安心して子どもを預けられるだけの価値がある。安易な補助資格を作ることで、逆にますます保育士のなり手がいなくなる。

第8章　保育所という「命綱」

インターネットをさまよう親子

２０１４年3月17日、埼玉県富士見市のマンションの一室で2歳の男の子が死亡した状態で発見された事件はまだ記憶に新しいだろう。ショッキングな出来事で、連日報道され、子育て中の人たちのみならず、日本中に大きな衝撃を与えた。保育所に預けられないことで、どんな支援の手にもひっかかることがなく、こぼれ落ちていく親子がいる。そして命を落とすのは子どもなのだ。

この事件で浮き彫りになったのは、日本の現在の子育てをめぐる多くの課題であった。単純に「保育」の問題だけで語るのは難しく、そこに「貧困」の問題がからんでいる。

インターネットを通じたやり取りの末に、ベビーシッターをしていた容疑者の男が住む富士見市まで連れて来られ、そこで亡くなって発見された男の子は、待機児童ゼロで名をはせた横浜市に住んでいた。

横浜市が宣伝していたように、コンシェルジュを通して、この母親のきめ細かいニーズを把握して、親子が必要な保育にたどり着けるようになっていたら、こんな事件は起きなかっただろう。いや、しかしこれはコンシェルジュが機能していなかったせいではない。

つまり、表に出る「待機児童」という形や数字とは別の形で、決して表に出ない、見えない「陰の待機児童」が大勢いるということだ。

容疑者の男は死体遺棄などの容疑で逮捕されたが、依然として詳細は不明だ。

当初は男の子を預けた母親に対する批判の声が大きかった。テレビやインターネットでは、「見ず知らずの人にわが子を預けるなど信じられない」という意見が多かった。事件の翌日には、この母親と祖母が報道陣のインタビューに応じ、顔を隠してではあったが、その姿がテレビで流された。大勢の取材陣に囲まれた若い母親の消え入るような第一声が私には衝撃的すぎた。

「このたびは世間をお騒がせして申し訳ありませんでした」

彼女は愛するわが子を殺された被害者だ。被害者が、世間に頭を下げなければならないとは、この国はいったいどうなっているのか。

2014年3月19日付け朝日新聞「天声人語」にも、母親を暗に批判するような言葉が連なっていた。「保育制度が時代に追いつかない」とも書かれていたが、あまりに想像力が乏しすぎる。

この事件は、単なる保育制度の不備によるものなどではないと断言できる。

今の日本の子育てが抱えている問題がすべて凝縮されている、といっても過言ではない。表に出ることのない「陰の待機児童」を抱えて目で見える関係の人には誰にも頼ることができず、インターネットをさまよう親が大勢いるということだ。

前出の「天声人語」の中にも「いまは、ネットでよく知らない人にベビーシッターを頼む親が現実にいる。そのことに驚いた方々も多いのではないか」とあったが事実誤認も甚だしい。子育てをする上で「インターネット」利用は、もはやごくごく一般的だ。インターネットがあるおかげで、どれほど育児が便利になったことか。スマホの普及でさらに便利さが増している。

ミルクや水、オムツなどの買い物はネットショップで買うのがいちばん便利だ。ママ友を見つけるのも、ｍｉｘｉやツイッター、フェイスブックなどのＳＮＳ（ソーシャル・ネットワーキング・サービス）やブログなどを通して見つけるのが、大きな流れのひとつになっている。それはもはや否定できない一つのママ友カテゴリーになっている。

ツイッターで子育ての疑問をつぶやけば、小さなつぶやきにも、見ず知らずの誰かが親切に答えてくれる。レスポンスが速く、今すぐ必要なことがわかるから、子育ての相談を、リアルではなくずっとネットに頼ってしている人も大勢いる。

善し悪しは別として、だからネットを利用して出会った人に子どもを預けることに対するハードルも、低くなって当然のことなのだ。

シッターを探せるサイトも、最近できたわけではない。私が２００４年９月生まれの双子の長男・次男の預け先をさがしていた頃にも「子どもを預けたい」人と「預かりたい」人を結びつける「掲示板」はすでに存在していた。特に「保育ママ」を探す掲示板はかなり機能していた。

当時、私は双子を預けるのに本当に苦労していた。年度途中で産休明けの時期には最も待機児童が多く、認可保育所はもちろんのこと、認可外保育所にも入れなかった。ある認証保育所で「入所予約金３万円を２人分を払ったら、ウェイティングリストに載せてあげます」と言われたこともある。さらに「もし入所できたら、０歳の子どもは月８万円の２人分で毎月16万円。兄弟減免はありません」と言われた。毎月16万円の保育料を納めることは不可能だ。そこで、すべての認可外に預けるのもあきらめ、ただひたすら翌年４月に認可保育所に入所できることだけを祈り続けていた。

仕事もしなければならなかった。取材に出る短い時間だけでも預かってくれる人がいないか、必死になって検索した。双子を預かってくれる人はほとんどおらず、藁にもすがる思いでインターネットをさまよった。

あのときの焦燥感の記憶は、今も生々しく残っている。取材の日時が近づいても預け先が見つからず、焦っていたとき、取材先の住所を調べたら、近くに友人が住んでいることに気づいた。平身低頭でお願いして、取材先のそばのコインパーキングに車を停め、取材の間、車内に寝かせた双子を友人に頼んでみていてもらったこともある。

地域のファミリーサポートと社会福祉協議会が運営していた一時預かり保育と、ベビーシッター会社にも登録した。シッター会社に登録するには入会金や年会費がそれぞれ1人分1万〜2万円程度かかる上、保育料も1人1時間あたり1500円以上かかった。保育は最低2時間からという決まりがあったし、双子で必ず2倍かかり、ときには次女も含めて3倍かかった。一度預けると軽く1万〜2万円は超えてしまう。金銭的な理由から、ベビーシッターは頻繁に利用することはできず、1年で退会した。

あれも、もはや10年前の出来事だ。

最近は当時よりももっと待機児童が増え、預け先の確保がさらに難しくなっている。母親たちは藁にもすがる思いで、インターネットを通して預かってくれる人を探そうとしている。

もちろん、見えない関係の中でのやりとりだからトラブルも多い。ＳＮＳのひとつ「ｍｉｘｉ」の中には、預ける人と預かる人を募る「コミュニティ」がある。ちょっと見ただけでも、トラブル報告がかなりあるが、もちろん誠実にやっている人たちもいるのだろう。事件の後も閉鎖されることはなく、淡々と「預かります」「預かってください」のやりとりが続いている。

夜の待機児童

実際に、インターネットのサイトを通じて探した人に子どもを預けたことがある母親に話を聞くことができた。「何度かやりとりをして、感じのよい女性に出会えてよかった」と思い、子どもを預けた。預ける前も後も特に問題はなかったし、子どもも楽しそうだったので良い人にあたったと思ったという。ところが、預けた女性のブログを後で読むと、「今日はこういう家に行きました」とその母親の家の中の写真が勝手にアップされていた。母親は怖くなり、それ以来、そのサイトは利用していないという。

それでも、事件が起きた直後からでも、インターネットでの預けたい人と預かりたい人のマッチングは、何も変わらずに淡々と行われている。

なぜなのか。最大の理由は、やはり「料金」の安さだろう。会社と契約する一般的なベビーシッターの料金は1時間あたり1500〜2000円だが、ネットでダイレクトにシッターを探せば、1時間あたりの相場は1000円程度で済む。

今回のベビーシッターの事件で長男を亡くした母親は、生活保護を受けながら、ときどき飲食店で時給2000円でアルバイトをしていたという。しかし、2人の子どもを1時間1000円で預ければその時給はすべて保育で飛んでしまう。生活のために働かなければならず、だからこそ子どもを預けるのに、保育にはお金がかかる。私のように運よく認可保育所に預けられれば、保育料は収入に応じた「応能負担」なので、収入が少なくても安心して保育をお願いできる。しかし夜の仕事をしている人には、認可保育所の開所時間は合わない。若くして出産して仕事の経験も少ない若い母親がある程度の収入を得ようとすれば、夜間に飲食店で働く以外の選択がしにくいが、そんな人たちが安心して預けられる先は十分とはいえない。

私が初めて長女を預けた保育所にも、生活保護とアルバイトで暮らしている若い母親が何人かいた。彼女たちは屈託なく、シングルで、一人で子どもを育てながら暮らしていることを教えてくれた。そして、保護費と簡単なアルバイトだけでは食べていけず、子どものために少しでも正当な範囲で最大限のお金を確保したいと、子どもを夜、家に置いてコンパニオンのアルバイトに行くと言っていた。

彼女たちと同じくらいの年齢の頃、自分は何をしていただろう…と考えると当時も、とても切なかった。彼女たちは、好き好んでその道を選んだわけではない。苦労するとわかっていて、あえて一人でも子どもを産み育てる人生を選んだのだ。

彼女たちが夜、働く間に家にいる子どもたちは「保育に欠ける」とは言わないのだろうか、と何度も思った。彼女たちの子どもは、昼間の保育所には入れているが、本当に必要な夜に保育に欠ける、「夜の待機児童」なのではないのか。

夜に仕事をすることが悪いとは思わない。しかし、せっかく子どもが小さい間、夜くらい一緒にいてあげることができないものか。幼い子どもがいて、どうしても夜、働かなければならないような、何も手に職のない若い母親たちが、夜に子どもを預けて働かなくてもいい仕組みは全くない。企業の障害者枠を利用して、そういった母親たちが、昼間、子どもを連れて仕事ができるような作業所ができないだろうか。「子連れ」で働けば保育料はいらない。そういった場所でこそ、育児経験がある主婦の力がアドバイザーとして役立つのではないだろうか。

さらに言えば、「待機児童」の範疇に入っても入らなくても、今、日本の親たちが「子育て」について誰かから教えてもらう機会がないことが大きな問題だと思う。

市町村の窓口に行けばいいのだが、赤ちゃんを連れて行くのはハードルが高いし、最近の風潮として、他人との間の壁が高く、なかなか腹を割って話せない人も少なくない。生活保護だけでなく、児童扶養手当などのさまざまな支援を受けるために窓口に相談に行き、イヤな思いをして、もう行きたくないと思う人もいる。

10年ほど前まで、私はよく原稿の中で「子どもが生まれてどの保育所に入ればいいか情報がなくても、とにかく市町村の窓口に行けばいい。わからないときはインターネットで調べたりするのではなくて、とにかくまず、自治体に行きなさい」とアドバイスしていた。

しかし、今ではもう「自分から自治体の窓口に行く」ということのハードルがあまりにも高すぎる。

もちろん自分で動ける親たちは、過去も昔も、何も問題がない。自分では動けず、積極的に行政と関わることを嫌い、夫婦二人そろって一人の子どもを育てているというような「標準的な子育て世帯」から外れる「夜の待機児童」「陰の待機児童」のクラスタに、子育てにおける大きな問題が起きる。犠牲になるのはいつも子どもたちだ。

預かる側の貧困

一方、親と直接やりとりをする方式を利用すれば、預かる側にとっても、「子育て経験がある」「子どもが好き」「子どもの世話が得意」といった簡単な動機が、仕事につながるうまみがある。ベビーシッターには資格は不要だ。

今回の事件で逮捕された容疑者の男も、保育士などの資格を一切持っていなかった。容疑者は中学を卒業した後、社会に出たが、特に決まった仕事に就いた形跡がない。中学卒業の学歴では、今のシステムでは５年以上現場で仕事をしない限り、保育士の受験資格すら取得できない。養成校に行かずに受験することもできるが、中学を卒業して現場に出ただけでは、試験の内容は高度すぎて、合格するのは難しいだろう。一次試験に受かっても、今度は造形、言葉、音楽という３つの実技試験もある。

新聞報道などによれば、男が保育の仕事に関わるようになったのは、同じように子どもを預かるなどしていた母親の影響を受け、５、６年前からだったという。男は２０１３年秋に、両親が住む横浜市内の団地にある実家から、今回男の子が亡くなった富士見市内のマンションに転居。インターネット上に託児の募集サイトを開設して子どもを預かろうとしていた。さらに、事件の前まで、横浜市内の認可外保育所でアルバイトとして働いていた。

容疑者がアルバイトで勤務していた認可外保育所の園長に取材を申し込むと、「事件はこちらには関係のないこと」として取材は拒否されたのだが、「(容疑者は)資格を持っていないので、あくまでも週に1度ほど、保育補助の仕事をしてもらっていただけ。時給は、県で定めている保育士の最低賃金。シッターをしていたことは知らない」ということは教えてくれた。

「最低賃金」と、私は思わずくり返してしまった。

預かる側も大変な貧困を抱えているのだ。

その話を聞いた後、私は横浜市内にある認可保育所の元園長と、このベビーシッター事件についてどう思うか、話し合った。そのとき、元園長は以前見学させてもらったという、小さなチェーン展開の認可外保育所で見たことを話してくれた。

「そこはフランチャイズで企業が運営している認可外保育所。ビルの中の狭い保育室の中で、子どもたちが自由に走り回らないよう椅子に座らせて、机の上におもちゃを置いて遊ばせたりしていました。紙飛行機を作っても、危ないから飛ばしちゃいけない……なんていうことも。そんな保育をしているところがあるんです。保育にとって大切なのは『命を大事にする』こと。でも、そんな保育所でずっと働いていたら、保育者は保育の大切なことを学ぶ体験がないでしょう。結局、『子どもが騒いだりしたら口を塞ぐ』というようなことを身につけてしまうんじゃないかと……。あの容疑者も、似たような認可外保育所でアルバイトをしていて、『保育ってこんなもんでいいんだ』『簡単なことだ』と思ってしまったのではないかと思うんです」

そして、園長は続けた。

「あのお母さんが可愛そう。『子どもを2日も3日も預けるなんて』という批難の声も世間にはあるけれど、別に、子どもを泊まりがけで誰かに預けるということは、親の要求としてはおかしなものではありません。それが自分の身の回りではかなわず、見知らぬ人に預けるという方法しかなかったんですね。どういう理由にせよ、子どもを預けざるを得ない状況にあるのに、それを受ける場所がなかったんです。困ったときにどこに行けばいいか、ということが、制度の隙間に落ちている人たちにきちんと届いていない。そして、そういう人たちが増えています。親の貧困が子どもの命まで奪うなんて……」

「貧困」は、経済的な貧困だけを意味するわけではない。情報の貧困、想像力の貧困、声かけの貧困、コミュニティ力の貧困……あらゆる貧困が、子育て世代を取り囲んでいる。そういった貧困に堕ちてしまった親の子どもたちが、こういった悲惨な事件に巻き込まれ、命を落とす。なんとも救いようのない現実だ。

「堕ちていく親子」を救う保育所

せめて、この親子が地域の保育所と関わりがあったら、こんな事件にはならなかったのではないかとも思う。

今の日本では、子どもをどういうところに預けたらいいか、困ったとき誰に頼ればいいのかといったことを、親は誰かに教わる機会がない。妊娠した後の両親学級でも、赤ちゃんの沐浴やお世話の仕方は教えてくれるけれど、どこに、どのように子どもを預ければいいか、ということは教えてくれる場所がない。

「保育」は、親が働いている、働いていないにかかわらず絶対必要になるシーンが来るのに、誰も教えてくれる人がいない。こういったことをしっかり地域の子育て支援プログラムに組み込んでいく必要がある。

昔なら、地域に住む「おばちゃん」たちが「そんなところに預けるのはやめなさい」とか「それならうちに預けていきなさい」と言ってくれたかもしれない。しかしコミュニティ力が衰退した今の時代、そんな機会は皆無に等しい。都会だけでなく、地方でも同じだ。育児の情報を得る力には格差があり、支援の手からすり抜けてしまう人がいる。日本で子育てをする親たちは本当に大変なことを強いられているのだ。

よく、少し上の世代の人たちが「私たちだって、子どもを産めば自分たちでなんとか育ててきた。今の若い人たちは弱い」「若い母親たちはガマンが足りない」「わがままだ」と批判するのを聞くことがある。

しかし、考えてほしい。

果たしてそう批判する人たちは、幼い子どもを24時間、一瞬たりとも目を離せない状況にあっただろうか？　少しは誰かに預けられたのではないか。身内に見てくれる人がいたのではないか。

あるいは、目を離すことが許されていたのではないだろうか。昔は買い物に行く間、周囲に声をかけていけば、寝ている赤ちゃんを部屋に残しておくのは当たり前だった。今ではそれは「虐待」と言われるが、ほんの30年くらい前までは、そんなことは当たり前だった。たった15分、買い物に行って赤ちゃんと離れられるだけだって、母親の気持ちは違ってくる。

そして、なにより育児の常識の変わり方のスピードが速すぎる。母子手帳は2年ごとに書き換えになり、そのたびに、母乳の飲ませ方、離乳食のタイミングなど、子育ての事情が変わってくる。18年前、長女の時代には推奨されていた「うつぶせ寝」が、今では乳幼児の死亡事故の上位にあげられており、厚生労働省は「うつぶせ寝禁止」を言い渡している。

人は、自分が辛かったことを忘れるという特性があるようだ。よい記憶ばかりが先に立ち、今、苦労している人たちを、自分と同じ目線で見ない人も多い。

子育て世代を批判するのは簡単だが、ほんの少し前（私が長女を産んだ18年前でさえ！）今の常識とは全く違っているということを知ってほしい。一方的に批判する前に、目の前にいる困った母子に、異世代の人たち（主に子育てが終わった世代の人たち）や、経済優先で働く疲れたサラリーマン世代のお父さんたちが優しくしてくれたら、少しは子育てしやすい町になるはずなのだが……。

子育て世代の人たちの困難は「保育」を学ぶ機会がないところに由来していることが多いと思う。そこで、私が提案しているのは、すでに小児科で行われている〈ペリネイタル・ビジット〉という取り組みを保育に取り入れることだ。

前述の両親学級などで、出産前の両親に〝子どもを預ける〟ことのノウハウを教えていくのだ。とにかく100％に近い妊娠中の母親にこの情報を届けることができれば、少なくとも今よりは、福祉が必要な人を含め、より多くの人に安全な保育の利用方法を知ってもらえるようになるのではないだろうか。

今でも〝こんにちは赤ちゃん事業〟や〝マイ保育所制度〟など、地域の福祉センターや子育て支援センター、地域の保育所が出産後の世帯にアプローチする仕組みはある。しかし、親の申し込みが必要だったり、定員があったり、なにより自治体によって取り組みに大きな差があるという課題がある。

そういった地域の子育て支援の核になりうるのが認可保育所なのだ。

働く母親の置かれた状況

私は、『AERA with Baby』という育児雑誌の編集に創刊当時から関わってきた。トータルで7年ほど、隔月で育児雑誌を編集する間、子育て世代が置かれた状況の厳しさや変化をつぶさに見てきた。

読者の母親たちにアンケートをすると、7年くらい前では7割以上の母親が、第1子の出産で仕事を辞めていた。最近はそれが6割近くまで下がってきており、子どもがいても働くという傾向が加速していると感じる。

しかし、いろいろなデータで調べたところ、大企業の正社員として働いている母親は、働く女性全体からするとごくわずかだ。大部分の働く母親は私自身もそうだが、非正規雇用でパートや自営やアルバイト、フリーランスという形態だったり、正社員ではあっても中小の企業だったりという人ばかりだ。

しかし、政府がうたうほとんどの「働く母親向け」の政策は、そのごくごく限られた恵まれた人たちに向けて作られている。大企業の正社員として、手厚い福利厚生を受け、十分な給与を得て働く母親たちばかりがさらに恩恵を受ける制度だと感じる。

大多数の母親があまり十分でない制度の中で苦労しながら子育てと仕事を両立させているのが現状だ。

保育所では、まず子どもの生活ありきという考え方から、子どもの生活の時間を考えてくれる。母親たちはとても忙しく、夜中まで子どもを預けて働こうと思えばいくらでも仕事は降ってくるというような状況だ。しかし、子どもがいるからには、やはり子どもがいる生活を選んだのだから、子ども中心の生活に切り替えようということを、無理のない範囲できちんと言ってくれる。

もちろん、仕事が厳しい今の時代、そういうことを言われてムッとする親も多いだろう。また、保育士も古い常識を信じ込み、親が今、抱えている問題をきちんと把握していないと、そこからずれが始まって、「クレーマー」と「融通が利かない先生」との対立になってしまう。

もうずい分昔の話だが、長女を１９９６年に出産して、97年の春にある公立保育所に入所させたときのことだ。入所のための園長面接に行ったところ、園長から「何時まで預けたいの？」と尋ねられた。マスコミ関係はどうしても夜の仕事になりがちだ。

しかし、当時その市では０歳児の保育は16時まで、いちばん長時間でも17時までと決められていた。

私は園長の雰囲気に圧倒されながら「17時までお願いします」と言ってみた。園長は数秒、無言になった。

そして返ってきた答えは、

「17時まで？……長いわね」だった。

確かに10人もいなかった0歳クラスで17時まで預けようとしていたのは、私とあともう1人、フルタイムの大企業勤務のママの2人だけだった。

園長の答えに驚いて、私は思わず「すいません、すいません、どうかお願いします」と頼み込んだ。その後、さらに10秒くらい無言の時間があった。

「まあ、いいわ。預かってあげる」というような返事をいただいたときには、胸をなで下ろしたものだ。

もちろん、今ではこんなことはあり得ないだろう。認可保育園でも0歳の子どもの保育時間はどんどん長くなっている。17時までといって驚かれることなどないはずだ。そんなことをもし園長が言ったら、今なら大問題になるかもしれない。

しかし「17時まで?」と驚かれたことは、私にとって決して悪いことではなかったと、今では思う。放っておいたら夜中まで、子どもを誰かに次々に預けてでも働いてしまっていたにちがいない私にとって、子どもにとって「17時まで」という時間が長いものだということ、それが子どもにとっていかに大変なことなのかを教えてもらったからだ。

子どもが生まれる前は、子どもを預ければ何時まででも働けると思っている人がほとんどだろう。子どもの生活時間がどのようなものか、教えてくれる場所もない。それを教えてもらったのは、保育所だったのだ。

働く母親が置かれた環境は厳しい。双子の息子たちを預けていた公立保育所は、民営化されたのと同時に、保育時間が夜19時15分までだったのが20時15分までに延長された。どうしても夕方以降が忙しくなりがちな仕事なので、心の余裕が欲しくて、1時間延長を延ばし、20時15分まで申請した。すると、前年まで19時15分に駆け込んでいた通称「駆け込み組」の母親たちは、いずれもあっという間に「20時15分駆け込み組」になった。後日、私を含め、全員が言っていたのが、「やっぱり20時15分まで延ばさなければよかった」ということだった。

今の若い親たちは、労働事情がさらに厳しくなっている。認可か認可外かということだけでなく「とにかく長く預かってくれるから」という理由で預け先を選んでしまいがちだ。

しかし、そのことを単純に批難できないのは、働き方の問題とも関わっているからである。

前述の通り、働く女性の6割近くが非正規雇用で、非常に不安定な雇用形態で働いている人が多い。男性も非正規が増えて、共働きしないと生活できない家庭も増えている。みんな常に、いつ会社を辞めろと言われるかとひやひやしながら、ものすごい恐怖を抱いて働いているのだ。

最近、育休中の母親にアドバイスをする機会があった。そういったところで話を聞くといつも感じるのは、彼女たちの多くが、いかに早く復帰して働くか、ということばかり考えていることだ。

それは、日本という社会がそうなっているからなのだ。

子どもが病気になったときに、それでも働かなければならない人は大勢いて、病児・病後児保育など、預ける先は確かに必要だ。しかし、一方で心配なく休める社会であることも必要なのに立ち遅れている。だからむしろそちらを意識的に変えていく必要がある。

母親が子どもを育てながら働くことが当たり前にできない社会の中で、労働力として重視され、家計をささえる人として働くことを強いられている状況の中で、結局、犠牲になっていくのは子どもなのだ。

保育の問題は、女性の労働、女性の貧困の問題とも深く関わっている。単純に「預け先を確保できればいい」というだけではない、根の深い問題だ。

そこを変えていくための社会変革が必要で、それには政治を変えることが最も重要になってくる。

第9章　保育新制度は子育て世代を幸せにするか？

「介護化」する保育制度

２０１２年８月10日、社会保障・税一体改革関連８法案の中のひとつとして、参議院で可決・成立したのが「子ども・子育て関連法」だ。その中心となっているのが「子ども・子育て支援法」という新しい法律と、改正された児童福祉法などである。

６月15日の３党合意を経て、衆議院で可決される前日の６月25日、群馬県で新制度に関するシンポジウムが開かれ、私はシンポジストとして参加していた。３党合意はしたものの、衆議院で可決されるかどうかは前日までわからなかった。その日のシンポジストや主催者、参加していた方たちの認識は「五分五分」というところだった。それが翌日には急転直下で衆議院で可決した。

その成り行きを最初から最後までずっとそばで見ていて、私は子育てというものが、いかに政治に密着しているかを肌で感じた。すごく貴重な体験だった。

日本の子育て施策が、「エンゼルプラン」に始まることを説明したが、いずれもそのときの内閣、つまりはそのときの首相の考え方によって決められてきたと考えられる。

私たちの子育てを決めているのは、実は政治なのである。

そういう意味では、子育ては最も政治に近い。

衆参両院を通過して決まった新しい法律に基づいて、「子ども・子育て支援新制度」と呼ばれる新しい子育ての制度が２０１５年４月に導入されることになった。２０１５年10月に予定通り消費税率が10％にアップされれば、そこから７０００億円が財源としてあてられる予定だ。

この数字は、３党合意を経て法律が成立したときの「付帯決議」の中にもきちんと記されている。子育て関係の予算に「７０００億円」という具体的な数字があげられたことはこれまでなかった。それは画期的なこととされている。

一方で、子育て制度の刷新と引き換えに、10％の消費増税に反対しにくい雰囲気が漂っていることは否めないだろう。

この「子ども・子育て関連法」の成立についてはそのずっと前から紆余曲折があった。前の民主党政権下では、「子ども・子育て新システム」と呼ばれていたものだ。当時は、民主党のマニフェストに基づき、幼保一元化が最も大きなテーマとして据えられていた。すべての幼稚園と保育所を一緒にしてすべて「総合こども園」にする、というものだった。

しかし、長年にわたって別々の人生を生きてきた日本の幼稚園と保育所とは、文化が違う。すべてを総合こども園にするというプランには、幼稚園側からも保育所側からも反発が大きかった。審議は二転三転した。最後は２０１２年６月に民主党・自民党・公明党の３党合意に基づいてもともとの法案が修正された。さらに法律の可決・成立にあたり19項目にも及ぶ「附帯決議」がつけられた。民主党が提案した「総合こども園」のプランは消え、民主党政権前の自民党政権時代にスタートした「認定こども園」の制度をベースに、新たな幼保一体化施設として定められた。

その後、政権与党は民主党から自民党に代わり、「子ども・子育て新システム」という名称から「子ども・子育て支援新制度」に変わった。

この「子ども・子育て支援新制度」の導入によって、日本の子育ての制度は、「現物給付」から「個人給付」へと大転換する。利用方法も今とは大きく変わる。

きわめて複雑な制度で、利用の仕方も今とは変わるのだが、残念ながらそのことが保護者の間にはあまり知られていない。導入されたときの混乱が今から予想される。

新しい制度のうち、現行制度とも比べて最も変わるのが、保育所、認定こども園、一部の幼稚園の利用方法だ。２０００年に導入された介護保険制度とよく似た利用方法へと変わることだ。

新制度の細かい設定については、現在、内閣府の「子ども・子育て会議」で審議を進めている段階で、完全には決まっていない。

現段階でわかっているのは、たとえば次のような変化があることだ。

まず、保護者は子どもを通わせたい保育施設が、「子ども・子育て支援法」に基づく新制度の財源で運営される園かどうかを知る必要がある。新制度に基づく運営かどうかで、手続きが変わってくるからだ。

認可保育所のほか、現在4タイプある認定こども園（幼保連携型、幼稚園型、保育所型、地方裁量型）は、新制度でも枠組としてはほぼそのまま残される。認可保育所と認定こども園は「施設型給付」というお金で運営される。認可外保育所についても給付が支払われるようになり、現在の認可保育所などとは違うお金の枠組みになるものの（地域型保育給付）、新制度の財源で運営される施設が増える。

幼稚園は新制度で運営される園（施設型給付）も出てくる一方、現在と同じように「私学助成」という補助金で運営される園に分かれる。

新制度の下に入らない幼稚園が多いのではないかと予想する関係者も多いが、子ども1人を保育するのに支払われる金額（公定価格）がまだ決まっていないため、「ギリギリまで決められない」という幼稚園関係者が多い。

幼稚園、保育所の中には新制度と同時に認定こども園に移行するところもあるが、様子見のところも多そうだ。いずれも公定価格がどうなるかが決まってからになるだろう。

子どもを通わせたい施設が、保育所や認定こども園、新制度で運営される幼稚園だとわかったら、今度は住んでいる自治体の窓口に行き、子どもの「保育必要度」(正式には「支給認定」)を申請し、認定してもらわなければならない。お年寄りがどれくらい介護が必要なのかを測る介護保険の「要介護認定」と同じように、その家庭の子どもにどれくらいの保育が必要なのかを自治体に認定してもらうのだ。

子どもたちは「1号」「2号」「3号」という三つの区分に「認定」される。

「1号認定子ども」は、満3歳〜就学前で、保育の必要がない子どもたちだ。新制度で運営される幼稚園に通う子どもたちが当てはまる。「2号認定子ども」は満3歳〜就学前で保育の必要があるという認定を受けた子どもで、保育所に通う3〜5歳児が当てはまる。「3号認定子ども」は満3歳未満で保育の必要があると認定された子どもで、保育所に通う0〜2歳が当てはまる。

さらに「2号」「3号」、つまり保育の必要があると認められた子どもたちは、親の労働

【図5】保育新制度の「認定区分」とは？

「認定」区分

1号認定子ども

幼稚園児相当 ＝ 3～5歳／保育は不要な子ども

2号認定子ども

3～5歳の保育園児相当 ＝ 3～5歳／保育が必要な子ども
→標準時間（長時間）／短時間

3号認定子ども

0～2歳の保育園児相当 ＝ 0～2歳の保育が必要な子ども
→標準時間（長時間）／短時間

時間によって「標準時間」（1日最長11時間）「短時間」（1日最長8時間）という「保育必要量」の区分けが加えられる。ただし、今と同じ私学助成で運営される幼稚園に通う子どもたちには、認定を受ける必要はなく、こういった区分はない。

「保育が必要」と認定されるのは、親が働いている家庭が中心だ。シングル親家庭や虐待の危険のある家庭は、優先して入所できるように自治体が枠を設けることになっている。保護者には、認定区分と、保護者負担（保育料）区分を記載した認定証が渡される。

申請してから認定証が届くまでの期間は最長で30日。現在でも保育所に入るのが困難で、入所結果が復職の時期ギリギリまでわからずに困る人が大勢いる状況なのに、申請以前に「認定」が必要になるので、保活はやや前倒しになるだろう。それを徹底させるために混乱が起きると思われる。

もうひとつ、現在、保育所に子どもを預けている人たちも、新制度の導入にあわせて「認定」を受け直す必要がある。今、入所できていても、認定の状況によっては、今と同じだけの保育が受けられなくなる可能性もある。特に、夫婦のどちらかがパートタイムなど、夫婦の働く時間が違う場合が問題で、より短い時間で認定されることになる。

新制度でも、児童福祉法二十四条一項が残され、「保育の実施義務」が保育所に限って市町村にあるとされた。そこで保育所に通う子どもについては、引き続き自治体に保育の義務が残され、保育料も自治体に支払う。

申し込み方法が、今とは全く変わることが混乱を招きそうだ。

今は認可保育所だけに限って自治体に申し込むが、新しい制度では、待機児童の多い自治体ではその他の施設、たとえば、今は認可外の施設でも、この新しい制度に入って運営される園に入りたいなら、すべて自治体に申し込む、とされている。

自治体が利用調整などを行って、誰がどこに行くか、入所先を決める。希望者が多い園で、誰をどのように入所させるかは、今と同じように自治体の判断になるはずだ。ポイント制も利用されるだろう。

異議申し立ては、保育認定の部分（1号、2号、3号の標準時間、短時間）についてはできるが、なにしろ全部自分で希望して申し込む形なので、もし認可外保育所を申請書に書いて、そこに入ることになったら、それは異議申し立てができなくなる。判断が難しい。

また、この新制度の外で運営される保育所もある。

東京都認証保育所など、自治体単独助成の認可外保育所は、そのまま残るところも出てくる。そういった施設が必要になるのは、認定証を申請してからもらうまでに最長30日かかるという問題が大きい。すでに仕事が決まっていて、明日からでも子どもを預けたいという場合でも、もし認定証が交付されていなければ、その子を新制度で運営する施設は預かることができない。認定証はある種のバウチャーのようなもので、認定証の存在を通して施設にお金がいく証明書のようなもの。だからそれがなければ、施設にはお金がいかず、運営ができなくなってしまう。

新制度では、国や自治体から直接いく補助金で施設が運営されるのではなく、親に払う形になる「給付」で運営される設計になっているからだ。

また、ケアマネジャーが付く介護保険とは違い、子ども・子育て新制度では親が自分で管理しなければならない。今月、いったい何時間保育を利用したのか、親が自分で計算し、それを上回らないようにしなければならない。もし上回ってしまえば、それは全額親の自己負担になっていく。また、単純に総量で保育時間を決めるのではなく、朝晩の延長時間については自己負担になるという話もあり、保育料が今より変わる可能性も否めない。

とにかく複雑で、理解するのも大変だ。

今回の改革は「質の高い乳幼児期の教育。保育をすべての子どもたちに」という理想に基づいてスタートしたものだった。

しかし、蓋を開けてみれば、理想とはほど遠い感がある。親が正社員で長時間働いている家庭の子どもには長時間の保育が保障されるのに、親が非正規で短時間勤務の家庭の子どもは短時間の保育しか保障されないのだから、親の労働状況によって子どもに格差を付けることになり、貧困の再生産につながる可能性がある。

子どものための制度の「利用者」は子どもであるべきだ。少なくとも「長時間」「短時間」の区分はなくし、子どもの立場からの保育を考える必要がある。

新制度では、実際の保育政策の運営はかなりの部分で自治体に任される。基礎自治体が、どれほど子育てにやる気を出すかで、自治体ごとの子育て力が変わってくる。

【図6】新制度での入所手続き

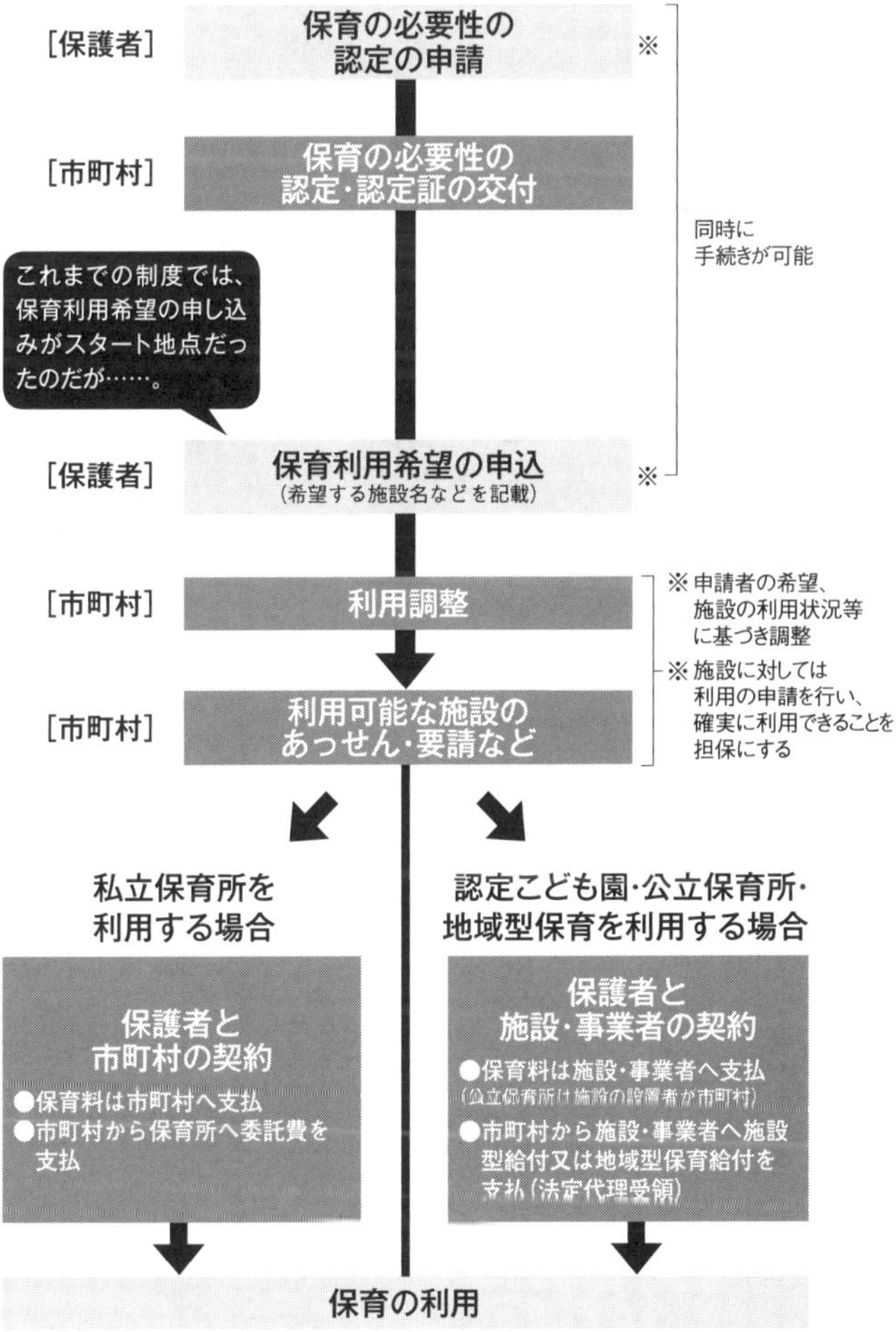
[保護者]
保育の必要性の認定の申請
※
[市町村]
保育の必要性の認定・認定証の交付
同時に手続きが可能
これまでの制度では、保育利用希望の申し込みがスタート地点だったのだが……。
[保護者]
保育利用希望の申込
(希望する施設名などを記載)
※
[市町村]
利用調整
※申請者の希望、施設の利用状況等に基づき調整
※施設に対しては利用の申請を行い、確実に利用できることを担保にする
[市町村]
利用可能な施設のあっせん・要請など
私立保育所を利用する場合
保護者と市町村の契約
●保育料は市町村へ支払
●市町村から保育所へ委託費を支払
認定こども園・公立保育所・地域型保育を利用する場合
保護者と施設・事業者の契約
●保育料は施設・事業者へ支払
(公立保育所は施設の設置者が市町村)
●市町村から施設・事業者へ施設型給付又は地域型保育給付を支払(法定代理受領)
保育の利用

そこに親がいかに参画し、声をあげていくかが重要になってくる。

消えた4000億円

「子ども・子育て支援新制度」では、保育所を利用するために介護保険制度によく似た「支給認定」を受けなければならなくなり、日本の子育てが市場化の方向に大きく変わる。

当初この制度を実施するために、7000億円を消費税からあて、残りはどこからか財源を確保して3000億円をあてるということになっていた。3党合意で加えられた19項目もの附帯決議のうちの15項目目に、制度の実施に必要な予算が明記されている。

「幼児教育・保育・子育て支援の質・量の充実を図るためには、一兆円超程度の財源が必要であり、今回の消費税率の引上げにより確保する〇・七兆円程度以外の〇・三兆円超について、速やかに確保の道筋を示すとともに、今後の各年度の予算編成において、財源の確保に最大限努力するものとすること」

新制度の導入にはおおよそ1兆円が必要なのだが、そのうち7000億円は10％にアップした際の消費税でまかなわれる。それと引き換えに消費税アップをのんだ、という形だ。

その後、厚労省の詳しい試算で、40万人分の保育を確保して待機児童を解消する「量の拡充」のために４２７３億円、職員の配置基準を向上させたり、保育士や幼稚園教諭の給与改善などの「質の改善」に６８６５億円、すなわち合計１兆１１３８億円かかることがわかった。

ところが、政府は消費税率を10％にアップした際の７０００億円の財源については確保したものの、その他の財源は確保できていないことを公表。確保された７０００億円の配分をめぐりさまざまなつな引きがあったが、結局、「量の拡大」を優先して４０７０億円をあて、「質の改善」には予定の半分以下の３００３億円に切り詰めて、７０００億円強の予算で見切り発車することを示した。附帯決議を無視した決定になる。

待機児童解消は重要な問題だが、保育士不足で開園できない保育所が増えている。給与が安すぎるのも働き手がいない原因のひとつだ。保育士や幼稚園教諭の給与は全職種の平均のわずか45％に過ぎず、全職種並みに向上させるためには８５６５億円かかるという試算も厚労省から出されているが、ここにかける財源も当然ないことから、すべて見送られることになった。

新制度の財源は、すべて消費税率が10％に引き上げられた場合で試算している。８％になった影響も大きい中、２０１５年10月に本当に10％まで消費税率を引き上げられるのか。

4000億円が消えた上に、本体の7000億円までが危うい可能性がないとはいえない。消えた4000億円の意味は大きい。今のままでは国が本気で子ども子育てに財源を投入しようという意志が見えない。「質の高い幼児期の教育、保育をすべての子どもたちに」という当初の理念も、この4000億円と共に消えそうになっている。

条例で守れるものがある

「子ども・子育て支援新制度」の導入とともに、企業と社会福祉法人のイコールフッティング（条件の同一化）が行われる。ある程度の目に見える規準をクリアしていれば、新制度で運営される園になれるため、認可制度もあまり意味を持たなくなる。

そこで危惧されるのは、企業保育所の経営方法が保育所の運営として一般的なものとして広まることである。現在、多くの保育企業が、各保育所に入ってきた運営費を系列会社にまわしていく方法で全体としての利益をあげている。人件費は極力抑えられている。社会福祉法人であっても、同じ経営者が企業を設立し、そこでお金を回していって経営する、という方式で事業を拡大していくことができる。

保育士を非正規化し、本来、子どもにかけるべきお金を、自由に流すことができる保育の準市場化が、どのような結果を生むのか。

イギリスにおける先行研究によれば、準市場化によって社会福祉法人のような非営利組織でさえも、「経営戦略を〈慈善〉から〈損益〉にシフトしなければならず、地域力の喪失や、低所得者層の排除も生んでしまう危険性がある」という指摘がある。

新制度後の保育には今まで一切の補助が受けられなかった保育サービスにも給付がつかえるなど、良いこともあると思うが、一方で市場化で失われるものが多い。

他に、公立保育所や公立幼稚園の問題がある。

公立保育所の財源はすでに一般財源化されており、新制度で保護者への給付制度になると、自治体には公立保育所や幼稚園への財源は一銭も入らない。さらに東京などの不交付団体には保育をするためのお金が全く入らなくなる。

つまり、自治体の差が保育の差に出てくる。それはトップの考え方の差と財力の差である。

国会議員がいくら「やります」と言っても、本当にお金が出なければ施策を実施することはできない。

ところが、今、保育園の補助金として使えるのは「安心子ども基金」くらいしかない。

これは私立に限った補助金で、公立には何か特別な交付金が出ないと新しく施設を作ったり、増やしたりするのは自治体単独では難しい。これらの補助金も新制度導入後はなくなる方向なので、私立についても危機感が大きい。

議員と行政の人とを比べると、圧倒的に行政の人のほうが勉強していると感じることがある。行政の職員にも子どもがいて、本当は市民のためによりよい仕事をしたいと思っている人が多いだろう。行政の人が、市民のためになる施策をやりたくないわけではないのだ。個人的にやりたいと思っていても、頭でわかっていても、いかにその施策にお金を出すかを決めるのは行政の担当者ではなく、すべて「議会」である。あらゆることは議会で、自治体なら条例、国なら法律を作ることで施策が決められていく。

たとえば、現在、「保育ママ」は無資格者が研修を受けて実施するという形をとっているところが多いが、札幌市などいくつかの自治体では、保育ママは保育士か看護師の資格がないとなることができないと条例で定められている。

つまり、国の基準がゆるくても、自治体の条例を厳しくすることで、守れることがある。保育所の面積基準もそうだ。世田谷区や船橋市、金沢市などでは、0歳児のほふく室の面積を5㎡以上としているが、これは条例で厳しく定められていて、その自治体で認可保育所を運営するにはこの基準を守らなければならない。

首長から議会、そして行政の上層部の人が、市民に必要な施策を理解し、議会を通して予算付けし、お金をつけなければ、いくらいい施策でも実施することができない。多くの自治体の保育課の職員は本当に熱心だし、あらゆることを勉強して市民のニーズを把握しようとしている。オフレコで話をするレベルでは共感しあえる方はたくさんいる。行政の職員、一人ひとりは頑張っている。

しかし、それを決めるのは、区長や上の人。トップの人の考え方と議会。そこが変わらなければ、何も動かない。議会とトップの考え方が子育て施策を大きく左右している。

議会で「保育なんかにお金出さなくてもいい、子どもは家で育てればいい」と言っている議員の声が大きく、その意見を議会で通してしまうならば、子育てにお金は出ない。ますます子育てをしにくい世の中になる。

子育ては「政治」に最も近い

保育所の環境を良くしようと、声をあげ、頑張っていた都内に住むある母親が、心ないバッシングに心を痛めていた。彼女は涙ながらにこんなことを言っていた。

「保育所って何なんでしょう？　安心できないところに預けることはできないんです。私たちは親として、ただ子どもたちを守りたいと思って活動しているだけ。騒ぎを起こしたいのではなく、ただ安心して子育てをしたいだけなんです。それなのに何かの活動家なの？　政治運動はしないで！　と、なぜ個人攻撃されなければならないのでしょうか？」

杉並区や足立区などの母親たちの「異議申し立て」でもバッシングが起きた。

署名でも集会でも、あらゆる活動をして、親たちが正当に声をあげて活動していかなければ、子育てを変えることは絶対にできないのに、そういった活動を揶揄し、誹謗中傷する人たちが大勢いる。

自分たちの子どもを守るために声をあげて何が悪いのか？

自分たちの子どもの権利を最大に考え、最もお金を出してくれる候補者の選挙を応援して何が悪いのか？

子育ては、政治に最も近いものなのだ。

待機児童の問題を解決するためには、「子どもの権利」としての保育であることを法的に位置づける必要がある。もし、法律の中に、「就学前の子どもたちには、保育所や幼稚園など、その年齢の子どもにふさわしい保育施設の中で、子どもらしい時間を過ごす権利がある」ときちんと書かれていたら、国は、子どもたちにふさわしい、できる限りよい環境の保育施設を全力で作らなければならなくなる。ドイツの事例がいい前例だろう。

いくら「女性を活用しよう」「女性も働いていける世の中にしよう」と、浮いた台詞を語っても、そこに法的な裏付けがなければ全く無意味である。

子どもの権利としての保育を、政治家がきちんと考え、政治主導で法律に書き込むことができたとき、初めて日本の待機児童は解消が始まる。子どもたちの権利という考えから、法的なバックアップを得た待機児童解消プランが整ったとき、日本のすべての子どもたちが子どもらしく生きる権利を与えられる瞬間になるだろう。

よく子育て施策は福祉の充実した「北欧に学べ」ということが言われるが、日本は北欧から30～40年遅れていると言われている。

北欧で30～40年前に何があったかと言えば、親たちが子どもを連れて国会を取り囲み、子どもの権利としての保育を確保した時代だった。そのときの写真を見ると、異議申し立てをしている母親たちの姿に重なる。

子育てが政治に最も近いと気づいたとき、子どものために声をあげることは恥ずかしいことでも、何でもなくなる。むしろ、親として正当な権利行使だ。

大人になってからの1年間と、2歳の子どもの1年間とではその価値も、意味も重みも、全く違う。

そして0歳から6歳の時期をやり直すことは二度とできない。

その時期に、子どもがどのように育つか、そこでどういった価値観を持つかは、その子の人生にとって非常に重要なものである。就学前の時期に、いかに愛情をかけ、大切に育てられるか。

政府はよく「成長戦略」という言葉を使うが、ただ子どもたちを詰め込む場所を作って長時間預かるだけでは、成長戦略にはならない。

この国の子どもたちに、20年後にどういう大人になってほしいのか。

そのために、この国の子どもたちにどういった幼児期を過ごしてほしいのか。

それを「子どもの権利」から考えていくべきである。箱ばかり作るよりも、大切なのは人材、そしてなにより子どもたちそのものである。

日本の未来の子どもたちの姿をきちんと想定し、丁寧に育てていくことのほうがずっと、日本の将来の安定した経済成長につながるのではないだろうか。

子どもの問題にイデオロギーは関係ない。多くのものを分断してきたイデオロギーは、子どものためには使うべきではない。

あらゆる壁を乗り越え、子どもの権利を日本の子どもたちの未来を確保するためにつながっていくことが重要だ。もうだまっている必要はない。みんなが声をあげることから、すべてが始まるのだ。

おわりに

なかなか書き終わらない原稿を抱えて、5月下旬、私は北海道稚内市にある保育所・幼稚園を訪れていた。訪れた3つの施設はすべて、もとは幼稚園だったところに保育所が併設される形で運営されている「幼保一元化」の保育施設である。稚内市における幼保一元化の試みで作られたものだが、現行制度で北海道への申請が必要な「認定こども園」にはなっていない。

聞けば、稚内でも保育所を希望する人がどんどん増えているそうだ。母親の就労希望が増え、とにかく保育所の枠が足りなくなっているという。いずれの施設でも幼稚園の定員には空きがあり、保育所の定員は常にいっぱいで「待機」がいる状態だ。ただ、保育所枠に入れない「待機児童」は、空いている幼稚園枠を使ってカバーできるため、現実には預ける先がない待機児童はいない。

過疎化、少子化が進んでいる地域では、幼稚園と保育所の境目はどんどん小さなものになってきている。そういった自治体では幼稚園と保育所を管轄する部署がすでに一緒になっているところも少なくなく、幼保一元化は自然発生的に進んでいる。

保育所には保育所の、幼稚園には幼稚園のよさと、それぞれの役割があり、両者の間には長く隔てられた文化の違いによる大きな壁がある。

しかし、激しく進む過疎化と少子化によって、その壁を軽々と乗り越える事例が生まれてきている。つまり「子どもの側から、子どもの権利として考える」ことだ。待機児童の問題は都市部だけの問題と思われがちだが、むしろ、こうした過疎化、少子化が進む地域の事例から、待機児童解消を考えるべきなのではないかと、札幌よりも隣国サハリンのほうが近い、そんな国境の町で考えていた。

少子化の問題と矛盾するかのように存在する待機児童。この問題を解決するためには、この国の子育てをどうするのか、という国民的な合意が必要である。憲法では、いまだ保障されていない就学前の子どもたちの育ちを、いかに子どもの権利としてとらえ、保育に結びつけていくか。専門家レベルではなく、一般社会の中で考えていくべきことだ。

子どもの権利を考えることは、子どもの命を考えることでもある。

私は15年以上にもわたり、保育事故の取材を続けてきた。保育事故と待機児童の問題は密接に関係している。「ここしか預けられない」という苦渋の選択で預けた施設で、子どもを亡くした方の訴えをぜひ多くの人に聞いてほしい。「自己責任」で子どもを預けるままでは、子どもたちを安心して守ることができない。そして、年間約50人もの子どもが虐待で命を落としている現実にも目を向けてほしい。地域の保育所や幼稚園など、子育て施設には今、待機児童解消で全く余裕がなく、こういった子どもたちを守るために、気持ちはあってもなかなか動くのが難しい。虐待で命を落とした子どもが、保育所にアクセスすることができていたら、助かっていたのではないかと思う事例は数知れない。

2014年の春も異議申し立ての運動は起きたが、多くの人は入ることに必死で、「質」のことなど何も言えない状況だ。以前は育休を早めに切り上げて無認可に通わせれば、1歳から認可に入りやすかったが、今は0歳で無認可に入ることから難しい。妊娠しても産む産院がない、保育所もない、では、少子化が進むのは当たり前だ。

本当に必要な子が入所できないならば、それは「福祉」とはいえない。保育所は子どもの福祉としての存在なのに、保育が必要で、保育所で預からなければならない子どもに対しての保育が十分に足りていない状況にある。これはおかしい。

保育所は親の就労のためのものではあるが、基本的には子どもの過ごす場所である。子どもたちの時間の流れを考えてほしい。

今は、子どもが育つスピードと、政策のスピードが全然合っていない。これをいかに子どもの権利を守りながら、いかに子どもの育つスピードに合わせていくかが重要なのである。50年生きている人にとっての1年は50分の1だが、2年しか生きていない子どもの1年は人生の半分だ。1年の価値が違う。

一方で安心、安全という観点から子どもの成長をみていくと、やはり、子どもが本当に安心していられる安全な居場所を、子どもの権利保障の観点から、じっくり作っていくことも必要だ。そのバランスをきちんと見極めて、政策を判断していくのは自治体の長になる。早くやればいいというわけではないが、遅いと困る。

そのバランス感覚を持った人を選ぶのが、私たちにできることなのだ。

子育ては政治に最も近い。いや、ある意味、子育ては政治そのものである。

大森貝塚などを発見したエドワード・モースは、１８７７年に来日したが、当時の日本の子育ての様子を次のように描いたという。

「私は世界中に日本ほど赤坊のために尽くす国はなく、また日本の赤坊ほどよい赤坊は世界中にないと確信する。いろいろな事柄の中で外国人筆者達が一人残らず一致することがある。日本が子供達の天国だということである。この国の子供たちは親切に取り扱われるばかりでなく、他のいずれの国の子供より多くの自由を持ち、その自由を濫用することはより少なく、気持ちのよい経験の、より多くの変化を持っている」

こんな日本を、もう一度作っていかなければならないと思う。

最後に、この本の企画から関わってくださった株式会社KADOKAWAの辻森康人さん、これまでに取材を受けてくださった大勢の皆さん、そして、帯に力強いメッセージを書いてくださった國分功一郎さんに感謝いたします。國分さんの『来るべき民主主義』を読まなければ、この本は生まれませんでした。ありがとうございます。

2014年6月

猪熊弘子

〈参考資料〉

『社会福祉学』 平岡公一、杉野昭博、所道彦、鎮目真人 有斐閣
「2011年12月20日ベネッセ教育総合研究所 第5回 2009年〜2011年 首都圏〝待機児童〟レポート」
『子どもの貧困白書』 子どもの貧困白書編集委員会編 明石書店 2012年1月30日発行
『家族と社会の経済分析〜日本社会の変容と政策的対応』 山重慎二 東京大学出版会 2013年3月27日
『アンデルセン、福祉を語る〜女性・子ども・高齢者』 G・エスピン－アンデルセン著、林昌宏訳 NTT出版 2008年12月
『働く婦人と保育：どうすれば働きながらりっぱな子どもが育てられるか』 婦人雇用調査研究会編著 学陽書房 1977年3月
『福祉社会と非営利・協同セクター：ヨーロッパの挑戦と日本の課題』 川口清史、富沢賢治編 日本経済評論社 1997年7月
『比較福祉国家：理論・計量・各国事例』 鎮目真人、近藤正基編著 ミネルヴァ書房 2013年12月

『少子社会の子育て力～豊かな子育てネットワーク社会をめざして』 高野良子編 学文社 2013年4月20日
『1980年代以降の日本における社会保障の制度改革と政策展開』 平岡公一 『社会政策研究』 10号23～48p 2010年6月
『政治のなかの保育―スウェーデンの保育制度はこうしてつくられた』 バルバーラマルティン＝コルピ（著）、Barbara Martin Korpi（原著）、太田美幸（翻訳） かもがわ出版 2010年4月
『もっと考えて!! 子どもの保育条件』 村山祐一 新読書社
『論集 現代日本の教育史3 幼児教育・障害児教育』 日本図書センター
『大正期における幼稚園発達構想～幼稚園令制定をめぐる保育界の動向を中心に～』 湯川嘉津美 上智大学教育学論集31号 1997年
『幼稚園教育要領・保育所保育指針（原本）』 チャイルド本社
『保育所・幼稚園制度の基礎知識～政策の変遷と新制度導入までの経過』 逆井直紀 保育研究所
『保育白書2013』 保育研究所

「待機児童の速やかな解消に向けて」　平成25年3月21日　厚生労働省雇用均等・児童家庭局

平成23年厚生労働省委託事業「潜在保育士ガイドブック〜保育士再就職支援調査事業・保育園向け報告書」㈱ポピンズ

「保育を支える 保育士の確保に向けた総合的取組」　平成25年10月　雇用均等・児童家庭局 職業安定局

猪熊弘子（いのくま・ひろこ）
ジャーナリスト・東京都市大学客員准教授。
日本女子大学卒。お茶の水女子大学大学院　保育児童学コース在籍。主に就学前の子どもの福祉や教育、女性や家族の問題を中心に取材・執筆、翻訳。特に保育制度・政策、保育施設での事故について詳しい。『死を招いた保育』（ひとなる書房）で、日本保育学会第49回日私幼賞・保育学文献賞を受賞。他に『命を預かる保育者の子どもを守る防災BOOK』（学研教育出版）、『なんで子どもを殺すの？』（講談社）、『お父さんの面積』（農文協）など。翻訳書に『ムハマド・ユヌス自伝』『貧困のない世界を創る』（いずれも早川書房）などがある。

「子育《こそだ》て」という政治《せいじ》

少子化《しょうしか》なのになぜ待機児童《たいきじどう》が生《う》まれるのか？

猪熊弘子《いのくまひろこ》

2014年 7月25日　初版発行
2016年 4月22日　再版発行

発行者　郡司 聡
発　行　株式会社KADOKAWA
東京都千代田区富士見 2-13-3　〒 102-8177
電話　0570-002-301（カスタマーサポート・ナビダイヤル）
受付時間 9:00〜17:00（土日 祝日 年末年始を除く）
http://www.kadokawa.co.jp/

装 丁 者　緒方修一（ラーフイン・ワークショップ）
ロゴデザイン　good design company
オビデザイン　Zapp!　白金正之
印刷・製本　暁印刷

角川新書
© Hiroko Inokuma 2014 Printed in Japan
ISBN978-4-04-731437-5 C0295

※本書の無断複製（コピー、スキャン、デジタル化等）並びに無断複製物の譲渡及び配信は、著作権法上での例外を除き禁じられています。また、本書を代行業者などの第三者に依頼して複製する行為は、たとえ個人や家庭内での利用であっても一切認められておりません。
※落丁・乱丁本は、送料小社負担にて、お取り替えいたします。KADOKAWA読者係までご連絡ください。
（古書店で購入したものについては、お取り替えできません）
電話 049-259-1100（9：00〜17：00/土日、祝日、年末年始を除く）
〒354-0041　埼玉県入間郡三芳町藤久保 550-1